Nueva Edición

a_tope.com

Grammatik zum Nachschlagen und Üben

AUDIOS online

Lösungen und **Online-Angebot** verfügbar unter cornelsen.de/webcodes. Code: **robuga**

scook

AUDIOS online

Deine **Audios** findest du hier:

1. Gehe auf scook.de.
2. Gib den unten stehenden Zugangscode in die Box ein.
3. Hab viel Spaß mit den Audios.

Dein Zugangscode auf www.scook.de | qpbyb-4qfrk

Cornelsen

¡Bienvenidos!

Die Grammatik zum Nachschlagen und Üben zu *a_tope.com* enthält den gesamten Grammatikstoff des Buches und ein umfangreiches Übungsangebot. Die Reihenfolge der Grammatikkapitel orientiert sich am Buch.

Im Grammatikteil findest du in der linken Spalte die spanischen Beispielsätze und Tabellen, in der rechten Spalte die dazugehörige Erklärung.

Va a viajar a España.
Il va voyager à Madrid.
He is going to travel to Madrid.

Wo es sinnvoll ist, werden Vergleiche mit anderen Sprachen (Deutsch, Englisch, Französisch, Lateinisch) angestellt.

LERNTIPP Das Verb *gustar* wird genauso verwendet wie das deutsche Verb „gefallen".

In den grünen Lerntipp-Kästen findest du Ratschläge dafür, wie du dir ein grammatisches Phänomen besonders gut einprägen kannst.

¡OJO! Fragewörter tragen immer einen Akzent.

Die ¡Ojo!-Kästen enthalten kurz gefasste Regeln oder Merksätze.

EL MUNDO DEL ESPAÑOL In Lateinamerika verwendet man anstelle von *vosotros/-as* das Subjektpronomen ustedes.

In den El Mundo del Español-Kästen findest du Informationen zum unterschiedlichen Sprachgebrauch in Spanien und Lateinamerika.

Die Aufgaben in den jeweiligen Grammatikkapiteln werden zum Teil auch für die Schulung anderer Fertigkeiten genutzt, wie zum Beispiel durch zusätzliche Angebote zum Leseverstehen (vgl. S. 11/5b) sowie Hörverstehen. Im Übungsangebot gibt es außerdem Aufgaben auf einem höheren Niveau. Diese werden durch dieses Symbol gekennzeichnet.

Die Lösungen zu den *Evaluaciones* (nach jeder zweiten Lektion) bieten ein Punktesystem zur Überprüfung des Lernfortschritts sowie zusätzliche Übungen, um dein schon erreichtes Niveau noch zu verbessern. Alle Lösungen und zusätzliche Übungen findest du online unter www.cornelsen.de/webcodes nach Eingabe des Webcodes **robuga**

Wenn du einen grammatischen Begriff nicht kennst, findest du auf S. 138–140 die deutsche bzw. spanische Entsprechung sowie ein Beispiel. Wenn du gezielt nach einem bestimmten Begriff suchst, schaue im Index auf S. 141–142 nach. Dort findest du eine Liste mit allen grammatischen Themen aus diesem Grammatikheft.

Der Anhang enthält außerdem ein Kapitel **Aussprache und Betonung** (S. 127–128) sowie eine **Übersicht der Verbkonjugationen** (S. 129–137).

Besonders nützlich ist die **Autokorrekturliste zur Vermeidung typischer Fehler**, die du immer verwenden kannst, wenn du einen Text schreibst (S. 143).

Viel Spaß beim Üben und Lernen!

Inhaltsverzeichnis

1 Regelmäßige Verben im Präsens | Verbos regulares en presente

		habl-**ar**	comprend-**er**	viv-**ir**
Singular	1.	habl-**o**	comprend-**o**	viv-**o**
	2.	habl-**as**	comprend-**es**	viv-**es**
	3.	habl-**a**	comprend-**e**	viv-**e**
Plural	1.	habl-**amos**	comprend-**emos**	viv-**imos**
	2.	habl-**áis**	comprend-**éis**	viv-**ís**
	3.	habl-**an**	comprend-**en**	viv-**en**

Die drei Gruppen der regelmäßigen Verben enden auf *-ar*, *-er*, und *-ir*. Die Verben auf *-er* und auf *-ir* haben bis auf die 1. und 2. Person Plural dieselben Endungen.
Die 1.–3. Person Singular und die 3. Person Plural werden auf dem Stamm betont, die 1. und 2. Person Plural sind hingegen endungsbetont.

¡OJO! Die Formen der 2. Person Plural (*vosotros/-as*) tragen einen Akzent: *habl**ar*** → *habl**áis***, *comprend**er*** → *comprend**éis***, *viv**ir*** → *viv**ís***.

2 Das unregelmäßige Verb *ser* | El verbo irregular *ser*

			ser	
Singular	1.	Yo	**soy**	de Sevilla. ¿Y tú?
	2.	Tu	**eres**	Ana, ¿no?
	3.	Marta	**es**	nueva en Madrid.
Plural	1.	Leo y yo	**somos**	compañeros de clase.
	2.	¿Vosotros	**sois**	amigos?
	3.	Ellos	**son**	geniales.

Mit dem Verb *ser* beschreibst du wie im Deutschen Eigenschaften und die Herkunft von Personen.

LERNTIPP Lerne alle Formen von *ser* auswendig.

3 Die einfache Verneinung | La negación simple

Todavía **no** trabajo.
*Ich arbeite noch **nicht**.*
No comprendo gallego.
*Ich verstehe **kein** Galicisch.*

Im Spanischen steht die Verneinung *no* vor dem konjugierten Verb.
No kann „nicht" oder auch „kein/e" bedeuten.

4 Der bestimmte und unbestimmte Artikel | El artículo determinado e indeterminado

El artículo determinado

	♂	♀
Singular	el amigo	la amiga
Plural	los amigos	las amigas

Da es im Spanischen (im Gegensatz zum Deutschen oder Lateinischen) nur zwei Genera gibt (Maskulinum und Femininum), gibt es auch nur zwei Artikel (*el/los* und *la/las*).

1

El artículo indeterminado

	♂	♀
Singular	un amigo	una amiga

Der unbestimmte Artikel im Spanischen wird meist nur im Singular verwendet:
*Tarek es **un** amigo de Marta.*
Aber: *Tarek y Marta son amigos.*

unas amigas	**unos** tres euros
***ein paar** Freundinnen*	***etwa** drei Euro*

¡OJO! Die Wörter *unos* und *unas* gibt es zwar im Spanischen, sie bedeuten aber „ein paar" oder „etwa".

5 Der Singular und Plural der Substantive | El singular y el plural de los sustantivos

	♂	♀
Singular	el amigo	la amiga
Plural	los amigos	las amigas
Singular	el móvil	la ciudad
Plural	los móviles	las ciudades

Die meisten Substantive, die auf *-o* enden, sind maskulin, Substantive, die auf *-a* enden, sind meistens feminin. Substantive mit der Endung *-dad* (z. B. *la ciudad*) oder *-ión* (z. B. *la región*) sind fast immer feminin.
Substantive, die auf einem Vokal enden, bilden den Plural mit einem *-s*. Substantive, die auf einem Konsonanten enden, bilden den Plural mit *-es*.

el móvil	la sal
das Handy	*das Salz*
el café	la gente
der Kaffee	*die Leute*

¡OJO! Bei manchen Substantiven kann man das Genus (*m.*/*f.*) nicht an der Endung erkennen.

la foto	el tema
das Foto	*das Thema*
la mano	el avión
die Hand	*das Flugzeug*

¡OJO! Wenige Wörter weichen von der Regel ab.

LERNTIPP Lerne daher Substantive immer mit dem bestimmten Artikel.

6 Die Subjektpronomen | Los pronombres sujeto

		♂	♀
Singular	1.	yo	
	2.	tú	
	3.	él/usted	ella/usted
Plural	1.	nosotros	nosotras
	2.	vosotros	vosotras
	3.	ellos/ustedes	ellas/ustedes

¡OJO! Achte darauf, dass die Personalpronomen *tú* und *él* einen Akzent tragen, damit man sie nicht mit dem bestimmten Artikel *el* (*el chico*) und dem Possessivbegleiter *tu* (*tu casa*) verwechselt.

Usted bzw. *ustedes* ist in Spanien die Höflichkeitsanrede. Sie entspricht dem Sie im Deutschen. Man verwendet *usted/ustedes* mit der 3. Person Singular bzw. Plural der Verben.

–Hablo alemán.
–**Es** de Sevilla.
–Estudi**amos** en el instituto.

LAT	cogit**o** ergo **sum**	*ich **denke**, also **bin** ich*
SPA	piens**o**, luego **soy**	

Wie im Lateinischen kann man im Spanischen das Subjekt an der Endung des konjugierten Verbs erkennen, daher werden die Verben meistens ohne Pronomen verwendet.

–¿Comprendéis árabe? –**Yo** no, pero **ella** sí.
–¿Quién es el amigo de Lucía? ¿Es **él** o **él**?

Die Subjektpronomen werden im Spanischen nur verwendet, wenn sie betont werden oder um Missverständnisse zu vermeiden.

–**Marta** y **Lucía**, vivís en Madrid, ¿verdad?
–¿**Nosotras**? Sí.
–**Marta**, **Lucía** y **Manuel**, vivís en Madrid, ¿verdad?
–¿**Nosotros**? Sí.

Nosotras/*Vosotras*/*Ellas* beziehen sich auf rein weibliche Gruppen. Bei gemischten Gruppen wird immer die maskuline Form *nosotros*/*vosotros*/*ellos* verwendet.

EL MUNDO DEL ESPAÑOL In Lateinamerika, auf den kanarischen Inseln und in Teilen von Andalusien verwendet man anstelle von *vosotros/-as* das Subjektpronomen *ustedes* (3. Person Plural). Entsprechend wird das Verb auch in der 3. Person Plural konjugiert. In manchen Gebieten, z. B. in Argentinien und Costa Rica, verwendet man außerdem nicht *tú*, sondern stattdessen das Subjektpronomen *vos* (*vos hablás, vos comprendés, vos vivís*). Dieses Phänomen nennt man *voseo*.

	Spanien	Lateinamerika, kanarische Inseln, Teile von Andalusien
Hola chicos,	¿cómo est**áis**?	¿cómo est**án**?
		z. B. Argentinien, Costa Rica
Oye,	¿**tú** ya trabaj**as**?	¿**vos** ya trabaj**ás**?

7 Fragewörter | Pronombres interrogativos

¿**Qué** escribes?
¿**Cómo** te llamas?
¿**Dónde** vives?
¿**De dónde** eres?
¿**Quién** eres? / ¿**Quiénes** son?
¿**Cuándo** quedamos?
¿**Por qué** no (estudiamos juntos)?
¿**Cuál** es tu número de teléfono?
¿**Cuáles** son tus compañeros?

Quién und *cuál* haben mit *quiénes* und *cuáles* auch eine Pluralform.

¡OJO! Fragewörter tragen immer einen Akzent.

¿Necesitas ayuda?
¿Habláis alemán en casa?

Genau wie im Deutschen kann man im Spanischen auch ohne Fragewörter (einfache) Ja-Nein-Fragen bilden.

1

Ejercicios

Los verbos regulares en presente

1 a Ordena los verbos en el grupo correcto. | Ordne die Verben der richtigen Gruppe zu.

escribe estudian practico trabajas aprende recibo comen sube
comprendéis vives leo quedáis

verbos -ar	verbos -er	verbos -ir
______	______	______
______	______	______
______	______	______
______	______	______
______	______	______

facultativo

b Apunta detrás de los siguientes verbos de las próximas unidades a qué grupo pertenecen. | Notiere hinter den folgenden Verben aus den nächsten Lektionen zu welcher Gruppe sie gehören.

invita ______ ves ______ viajamos ______ describís ______ abro ______ cogéis ______

2 Subraya la forma correcta del verbo. | Unterstreiche die richtige Verbform.

1. Elena **leo** / **lee** en la biblioteca.
2. Carlos y Juan **reciben** / **recibís** un mensaje.
3. Nosotras **habláis** / **hablamos** alemán.
4. Yo **vivo** / **vives** en Madrid.
5. ¿Tú **aprenden** / **aprendes** español?
6. Mi familia y yo **viven** / **vivimos** en Madrid.
7. Lorena **recibes** / **recibe** muchos e-mails.
8. Mi padre **trabaja** / **trabajas** en Salamanca.
9. ¿Vosotros **trabajan** / **trabajáis** en una empresa?
10. ¿Y tú? ¿**Trabajo** / **Trabajas**?

3 Completa los diálogos con el verbo adecuado en la forma correcta. Algunos verbos debes usarlos más de una vez. | Ergänze die Gespräche mit dem passenden Verb in der richtigen Form. Manche Verben musst du mehrmals verwenden.

vivir leer practicar escribir comprender preparar quedar hablar

1. –Chicos, una pregunta: ¿______ los textos de inglés?
   –¡Uf!, yo no ______ mucho, pero ella sí ______ todo muy bien.
2. –Oye, ¿______ juntos para el examen? ¿______ mañana a las 11:00 en mi casa? ¿______ cerca? Yo vivo en la Calle Centenario.
   –¡Buena idea!

3. **Profesor:** Vamos a trabajar. Julia, tú ________ el texto de la página dos. Pedro, tú ________ cinco frases con las palabras del ejercicio ocho. María y Santiago, vosotros ________ el ejercicio cinco. Después todos nosotros juntos ________ sobre los temas de los ejercicios y al final vosotros ________ un texto. ¿Todo claro?

El verbo irregular ser

4 Completa los diálogos con las formas del verbo ser. | Ergänze die Gespräche mit den Formen von ser.

1

–¿Usted ________ la señora Pérez?

–Sí, ________ Francisca Pérez y ellos ________ Claudio Paz y Antonio Pacheco. Ellos ________ mis compañeros de trabajo. Y usted, ¿cuál ________ su nombre?

2

–Mira Nacho, ella ________ Lupe, mi vecina. Lupe, él ________ Nacho, mi compañero de clase.

–Hola, Nacho. Mucho gusto. ¿________ de aquí?

–No, no ________ de aquí, ________ de México.

3

–¡Hola! Nosotras ________ Vero y Maite. Estudiamos Informática aquí en el instituto. ¿Y tú quién ________?

–________ Felipe. Estudio Programación. ¿Vosotras ________ nuevas aquí?

–Sí, ________ nuevas en el instituto.

1

5 a Laura se presenta en un blog. Completa el texto con la forma correcta de los verbos. | Vervollständige den Text mit der richtigen Form der Verben.

www.elblogdelaura.blogger.es

¡Hola chicos! ¡Hola chicas!

__________ (*ser*) Laura. __________ (*vivir*) en Málaga con mi familia y __________ (*estudiar*) en un instituto con Carmen y Teresa, mis amigas. Carmen y yo __________ (*estudiar*) Administración y Finanzas, pero Teresa __________ (*estudiar*) Informática. Teresa y Carmen también __________ (*aprender*) inglés. Para ellas, inglés __________ (*ser*) difícil. Por eso ellas __________ (*leer*) y __________ (*escribir*) textos y __________ (*practicar*) mucho. Así __________ (*aprender*) mejor. Mi padre __________ (*ser*) español, pero mi madre __________ (*ser*) de Canadá. Por eso yo __________ (*hablar*) inglés y español en casa. A veces Teresa, Carmen y yo __________ (*quedar*) por la tarde y __________ (*practicar*) inglés. __________ (*leer*) textos y __________ (*hablar*) en inglés y después __________ (*tomar*) un café juntas y __________ (*charlar*) sobre el instituto. Carmen también __________ (*hablar*) alemán y muchos amigos de ella __________ (*vivir*) en Berlín. Por eso Carmen __________ (*recibir*) muchos mensajes en alemán. ¿Y vosotros? ¿Quiénes __________ (*ser*) y qué lenguas __________ (*hablar*)?

facultativo

b Lee el texto otra vez y apunta detrás de las frases a qué chica corresponden: Laura, Carmen y/o Teresa. | Lies den Text noch einmal und notiere hinter den Sätzen zu welchem Mädchen diese gehören.

1. estudiar Administración y Finanzas __________
2. recibir mensajes en alemán __________
3. aprender inglés __________
4. hablar español e inglés en casa __________
5. quedar por la tarde y practicar inglés __________

La negación simple

6 Lee el texto del ejercicio 5a y corrige las frases como en el ejemplo. | Lies den Text der Übung 5a und korrigiere die Sätze wie im Beispiel.

1. La chica es Pilar.

   No, la chica no es Pilar, es Laura.

2. Laura vive en Madrid con sus amigas.

3. Carmen y Laura estudian Informática.

4. Teresa y Carmen aprenden alemán.

5. La madre de Laura es de Berlín.

6. Laura habla francés y alemán en casa.

7. Los amigos de Carmen viven en Múnich.

1

7 Escucha y contesta las preguntas como en ejemplo. | Höre zu und beantworte die Fragen wie im Beispiel.

1. ¿Es Marta?

   No, no es Marta, es Laura, una amiga.

2. ¿Es de Salamanca?

3. ¿Viven en Madrid?

4. ¿Es Juan?

5. ¿Son los amigos de Tarek?

6. ¿Es Paco, no?

El artículo determinado e indeterminado

8 **Completa el texto con el artículo determinado o indeterminado cuando sea necesario.** | Ergänze den Text mit dem bestimmten oder dem unbestimmten Artikel, falls nötig.

Manuel y Tarek son ______ amigos y Marta es ______ nueva vecina de Manuel. Marta y Tarek estudian en ______ instituto en Madrid. ______ instituto se llama «Parque Aluche». Marta ayuda a Tarek con ______ ordenador, porque ______ programa de estadística no funciona. Después ______ chicos quedan para tomar ______ café y charlar. Tarek no tiene ______ número de teléfono de Marta, entonces Marta escribe ______ mensaje con ______ número para Tarek y… ¡listo!

Cornelsen / Lucentum Digital / Chema Pazán

El singular y el plural de los sustantivos

9 **a** **Escribe el artículo determinado delante de cada sustantivo. Después forma el plural.** | Schreibe zu jedem Substantiv den zugehörigen bestimmten Artikel. Bilde dann den Plural.

1. la puerta – las puertas
2. ______ compañera – ______
3. ______ trabajo – ______
4. ______ móvil – ______
5. ______ programa – ______
6. ______ hotel – ______
7. ______ número – ______
8. ______ ordenador – ______
9. ______ lengua – ______
10. ______ universidad – ______

facultativo

b **Repite el ejercicio 9a con los siguientes sustantivos de las próximas unidades.** | Wiederhole die Übung 9a mit den folgenden Substantiven aus den nächsten Lektionen.

1. ______ barrio – ______
2. ______ dirección – ______
3. ______ foto – ______
4. ______ escuela – ______
5. ______ taller – ______
6. ______ parque – ______
7. ______ cinturón – ______
8. ______ ordenador – ______
9. ______ realidad – ______
10. ______ presentación – ______

Los pronombres sujeto

10 a Apunta los pronombres sujeto en español. | Trage die Subjektpronomen auf Spanisch ein.

1. ______ (ich)
2. ______ (du)
3. ______ (er/sie)
4. ______ (Sie)
5. ______ (wir)
6. ______ (ihr)
7. ______ (sie)
8. ______ (Sie)

b Apunta los números de los pronombres sujeto del ejercicio 10a. | Notiere die Nummern der Subjektpronomen aus der Übung 10a.

______ escribo ______ recibimos ______ comes ______ suben ______ aprendéis

______ vivís ______ leen ______ trabajo ______ queda ______ estudiamos

facultativo

c Repite el ejercicio 10b con estos verbos desconocidos. | Wiederhole die Übung 10b mit diesen unbekannten Verben.

______ llevan ______ abrís ______ describes ______ viajan ______ fundáis

______ ve ______ cruzas ______ invitamos ______ cojo ______ decidimos

Los pronombres interrogativos

11 Subraya el pronombre interrogativo correcto. | Unterstreiche das richtige Fragewort.

1. ¿**Qué** / **Cuál** es el número?
2. ¿**Qué** / **Quién** estudias?
3. ¿**Dónde** / **De dónde** quedáis?
4. ¿**Qué** / **Quién** escribes?
5. ¿**Qué** / **Cuándo** tal?
6. ¿**Qué** / **Cómo** te llamas?
7. ¿**Quién** / **Quiénes** son ellas?
8. ¿**Cuándo** / **De dónde** eres?
9. ¿**Dónde** / **Qué** trabajas?
10. ¿**Qué** / **Cómo** estás?

12 a Paula y Antonio charlan en la biblioteca. Completa el diálogo con los pronombres interrogativos correctos. | Vervollständige den Dialog mit den richtigen Fragewörtern.

Paula: Oye Antonio, ¿______ es el examen de Finanzas?

Antonio: ¡En dos días! ¿Comprendes todo?

Paula: ¡Más o menos! ¿Y tú? ¿______ estudias?

Antonio: Leo los textos y practico, pero es difícil. ¿______ no estudiamos juntos?

Paula: ¡Muy buena idea! ¿______?

Antonio: Mañana por la tarde.

Paula: Vale. Y ¿______ estudiamos?

Antonio: En mi casa, ¿de acuerdo?

Paula: ¿_______________ vives?

Antonio: Aquí cerca, en la Calle Ramón Saldaño.

Paula: ¿Y Alejandra? ¿_______________ no quedamos también con ella y estudiamos?

Antonio: ¿Alejandra? ¿_______________ es Alejandra?

Fotolia / nd3000

Paula: Es una compañera de la clase y una amiga. Es nueva en el instituto y habla alemán.

Antonio: ¿Alemán? ¿_______________ es?

Paula: Es de aquí de Sevilla, pero su padre es de Berlín. ¿De acuerdo?

Antonio: ¡Vale! ¡Genial!

Paula: Y ¿_______________ quedamos mañana?

Antonio: A las 17:00. ¿Tú quedas con Alejandra?

Paula: Sí, sí, yo hablo con ella. ¿_______________ es el número de tu casa?

Antonio: Calle Ramón Saldaño 17, 5B.

Paula: ¡Genial! ¡Hasta mañana!

b Lee el texto del ejercicio 12a y marca si las frases son «correctas» o «falsas». Luego corrige las frases falsas en pocas palabras. | Lies den Text der Übung 12a und kreuze an, ob die Sätze „richtig" oder „falsch" sind. Danach korrigiere die falschen Sätze in Stichworten.

	correcto	falso	
1. Paula y Antonio quedan para estudiar.	☐	☐	__________
2. El examen de Informática es en dos días.	☐	☐	__________
3. Para estudiar, Antonio lee los textos y practica.	☐	☐	__________
4. Antonio y Paula quedan mañana por la tarde.	☐	☐	__________
5. Paula vive en la Calle Ramón Saldaño.	☐	☐	__________
6. Alejandra es amiga de Antonio.	☐	☐	__________
7. Alejandra es de Sevilla y habla alemán.	☐	☐	__________
8. El padre de Paula es de Berlín.	☐	☐	__________
9. Antonio habla con Alejandra para estudiar.	☐	☐	__________
10. El número de la casa de Antonio es 17, 5B.	☐	☐	__________

1 Gruppenverben *e → ie* | Grupos de verbos *e → ie*

		quer-er	ten-er
Singular	1.	quier-o	**tengo**
	2.	quier-es	tien-es
	3.	quier-e	tien-e
Plural	1.	quer-emos	ten-emos
	2.	quer-éis	ten-éis
	3.	quier-en	tien-en

ebenso:

entender ▶ Unidad 3
preferir ▶ Unidad 3
empezar ▶ Unidad 4
pensar ▶ Unidad 4

Viele Verben im Spanischen werden nach einem bestimmten Muster konjugiert und heißen daher Gruppenverben. Zum Beispiel ändert das Verb *querer* seinen Stammvokal „*e*" in den stammbetonten Formen (1.–3. Person Singular und in der 3. Person Plural) zu „*ie*".

¡OJO! *Tener* hat eine besondere Form in der 1. Person Singular (*tengo*).

LERNTIPP Verben, die zu dieser Gruppe gehören, kannst du dir so merken: *querer (e → ie), entender (e → ie), preferir (e → ie), ...*

2 Das Adjektiv | El adjetivo

♂	♀
un libro creativo libros creativos	una película creativa películas creativas
un libro interesante libros interesantes	una película interesante películas interesantes
un libro genial libros geniales	una película genial películas geniales

Adjektive werden im Spanischen immer in Numerus (Singular/Plural) und Genus (maskulinum/femininum) an das Substantiv angeglichen, auf das sie sich beziehen.
Adjektive, die nicht auf *-o* bzw. *-a* enden (z. B. *interesante*, *genial*), haben nur eine Form für Maskulinum und Femininum.
Der Plural der Adjektive wird wie der Plural der Substantive gebildet. ▶ S. 7/5

El hermano de Tarek es (bastante) tímido.
La abuela de Manuel es muy simpática.
Las ideas de mi amiga son inteligentes.
Los textos en Inglés son difíciles.

Auch wenn das Adjektiv nicht direkt hinter dem Substantiv steht, auf das es sich bezieht, wird es immer in Numerus (Sg./Pl.) und Genus (m./f.) angeglichen.

Manuel tiene **una tía** y **una prima** divertidas.
*Manuel hat eine **lustige** Tante und eine **lustige** Cousine.*
Marta tiene **un padre** y **una madre** muy majos.
*Marta hat einen **netten** Vater und eine **nette** Mutter.*

Wenn sich das Adjektiv auf mehrere Substantive (*tía*, *prima*) mit der gleichen Eigenschaft (*divertida*) bezieht, wird es im Genus angeglichen und steht im Plural.
Wenn die Substantive unterschiedliche Geschlechter (*padre*, *madre*) sind, steht das Adjektiv im Plural und erhält die maskuline Form. ▶ S. 7–8/6

Es una chica **tímida**, pero con ideas **inteligentes**.

*Es ist ein **schüchternes** Mädchen, aber mit **klugen** Ideen.*

¡OJO! Anders als im Deutschen, wo das Adjektiv vor dem Substantiv steht, stehen die Adjektive im Spanischen in der Regel hinter dem Substantiv, auf das sie sich beziehen.

3 Das unregelmäßige Verb *estar* | El verbo irregular *estar*

		estar
Singular	1.	estoy
	2.	est**ás**
	3.	est**á**
Plural	1.	estamos
	2.	estáis
	3.	est**án**

¡OJO! Vergiss nicht, bei der 2. und 3. Person Singular und Plural die Akzente zu setzen.

–¿Dónde **estás**?
– *Wo bist du (= befindest du dich)?*
–**Estoy** en Barcelona.
– *Ich bin (= befinde mich) in Barcelona.*
–El instituto **está** cerca de la heladería.
– *Die Schule ist (=befindet sich) in der Nähe der Eisdiele.*

LERNTIPP Immer wenn du das Verb „sein" durch „sich befinden" ersetzen kannst, verwendest du *estar* und nicht *ser*.

4 Die Verbform *hay* | El verbo *hay*

Hay un supermercado nuevo en el centro.
Hay unas tiendas pequeñas en esta calle.
Hay mucha/poca gente en la plaza.
Hay dos panaderías nuevas en nuestro barrio.
También **hay** cafeterías y restaurantes.
No **hay** otra heladería en el barrio.
¿**Hay** café?

Hay wird mit dem unbestimmten Artikel (*un/a, unos/-as*), mit einer Form von *mucho/-a, poco/-a* oder *otro/-a*, vor Zahlen oder vor Substantiven ganz ohne Artikel verwendet.

¡OJO! *Hay* wird nie mit dem bestimmten Artikel verwendet.

Hay bedeutet „Gibt es ...?" / „Es gibt".
Estar bedeutet „sich befinden".

5 Die Kontraktionen *del* und *al* | Las contracciones *del* y *al*

Lucía habla	**del** barrio de su padre. de la escuela. de los exámenes. de las tiendas de su barrio.

Die Präpositionen *de* und *a* verschmelzen immer mit dem bestimmten maskulinen Artikel *el* zu *del* bzw. zu *al*. Die übrigen Formen des bestimmten Artikels verschmelzen nicht.

Manuel va	**al** polideportivo. a la heladería. a los parques. a las tiendas de su barrio.

¡OJO!
de + el = del
a + el = al

6 Die Possessivbegleiter | Los determinantes posesivos

♂	♀
mi/s amigo/s	**mi/s** amiga/s
tu/s amigo/s	**tu/s** amiga/s
su/s amigo/s	**su/s** amiga/s
nuestro/s amigo/s	**nuestra/s** amiga/s
vuestro/s amigo/s	**vuestra/s** amiga/s
su/s amigo/s	**su/s** amiga/s

Die Possessivbegleiter richten sich im Numerus (Sg./Pl.) nach dem Besitzgegenstand. *Nuestro/-a* und *vuestro/-a* richten sich zudem auch im Genus (m./f.) nach dem Besitzgegenstand.

–¿Son los hermanos de Marta?
– *Sind das Geschwister von Marta?*
–No, es **su amigo** de Madrid con **su hermana**.
– *Nein, es ist ihr Freund aus Madrid mit seiner Schwester.*

¡OJO! Anders als im Deutschen gibt es im Spanischen für die 3. Person jeweils nur einen Possessivbegleiter.
su amigo = sein Freund, ihr Freund, Ihr Freund

7 Die Begleiter *mucho/-a, poco/-a* und *otro/-a* | Los determinantes *mucho/-a, poco/-a* y *otro/-a*

♂	♀
mucho tráfico muchos hoteles	mucha gente muchas ciudades
poco tráfico pocos amigos	poca gente pocas tiendas
otro parque otros edificios	otra escuela otras familias
Estamos en (el) otro parque.	

Mucho/-a, *poco/-a* und *otro/-a* werden wie ein Adjektiv in Numerus (Sg./Pl.) und Genus (m./f.) an das Substantiv, auf das sie sich beziehen, angeglichen. Sie stehen vor dem Substantiv.
Das Wort *otro/-a* kann „noch ein/e, noch eines" oder „ein/e andere/r, ein anderes" bedeuten.
Otro/-a kann mit einem bestimmten Artikel stehen.

8 Gruppenverben *o → ue* | Grupos de verbos *o → ue*

		pod-er (o → ue)	jug-ar (u → ue)
Singular	1.	pued-o	jueg-o
	2.	pued-es	jueg-as
	3.	pued-e	jueg-a
Plural	1.	pod-emos	jug-amos
	2.	pod-éis	jug-áis
	3.	pued-en	jueg-an

Es gibt auch Gruppenverben, die ihren Stammvokal „*o*" bzw. „*u*" zu „*ue*" verändern. ▶ S. 16/1
Folglich ändern sie ihren Stammvokal „*o*" bzw. „*u*" zu „*ue*" in der 1.–3. Person Singular und in der 3. Person Plural.

ebenso:
probar, costar
dormir ▶ Unidad 4
llover ▶ Unidad 4

LERNTIPP Verben, die zu dieser Gruppe gehören, kannst du dir so merken: *poder (o → ue), probar (o → ue), costar (o → ue), jugar (u → ue), dormir (o → ue), llover (o → ue).*

9 Die Modalverben *poder, querer* und *tener que* | Los verbos modales *poder, querer* y *tener que*

Podemos quedar mañana.
*Wir **können** uns morgen verabreden.*
Quiero tomar un café.
*Ich **möchte** einen Kaffee trinken.*
Tienes que hacer muchas cosas hoy.
*Du **musst** heute viele Sachen machen.*

Mit den Modalverben *querer, poder* und *tener que* kannst du ausdrücken, ob du etwas tun willst, kannst oder musst.
Wenn auf ein **Modalverb** ein Verb folgt, steht dieses immer im Infinitiv. Anders als im Deutschen können die Modalverben von dem Infinitiv nicht getrennt werden.

–¿**Puedes** ir al cine mañana?
–Sí, **puedo**.
–¿**Quieres** ir al rocódromo mañana?
–No, no **quiero**.
–¿**Tienes que** hacer muchas cosas hoy?
–Sí. / Sí, **tengo que** hacer muchas cosas.

Die Modalverben *poder* und *querer* können auch alleine stehen, das Modalverb *tener que* hingegen nicht.

10 Das unregelmäßige Verb *ir* | El verbo irregular *ir*

		ir
Singular	1.	**voy**
	2.	**vas**
	3.	**va**
Plural	1.	**vamos**
	2.	**vais**
	3.	**van**

¡OJO! Wie alle einsilbigen Wörter trägt die 2. Person Plural von *ir* keinen Akzent. Einsilbige Wörter tragen nur dann einen Akzent, wenn es sie in unterschiedlicher Bedeutung zweimal gibt, z. B.: *tú y tu móvil*; *él y el móvil*.

LERNTIPP Wie bei allen unregelmäßigen Verben musst du die Formen auswendig lernen.

¿Vas **al** parque?
Vamos **a** la plaza.

Das Verb *ir* steht häufig mit der Präposition *a*, die die Richtung ausdrückt.

11 Das Verb *hacer* | El verbo *hacer*

		hac-**er**
Singular	1.	**hago**
	2.	haces
	3.	hace
Plural	1.	hacemos
	2.	hacéis
	3.	hacen

ebenso:
salir: salgo ► Unidad 3
poner: pongo ► Unidad 4
traer: traigo ► Unidad 4

Es gibt eine Reihe von Verben, die im Präsens nur in der 1. Person Singular unregelmäßig sind, zum Beispiel das Verb *hacer*. In der Unidad 3 lernst du mit *salir* ein weiteres Verb dieser Gruppe kennen.

LERNTIPP Verben, die zu dieser Gruppe gehören, kannst du dir so merken: *hacer (hago), salir (salgo), poner (pongo), traer (traigo).*

APRENDER MEJOR LA GRAMÁTICA

tener
Tengo 17 años.
¿Cuántos años **tienes**?
Luisa no **tiene** hermanos.
No **tenemos** tiempo.
¿**Tenéis** hermanos?
Mis padres **tienen** una panadería.

Lerne die einzelnen Verbformen auswendig, vor allem die der unregelmäßigen Verben. Formuliere dann zu jeder Verbform einen einfachen kleinen Satz, schreibe alle sechs Sätze untereinander (in digitaler Form oder auf eine Karteikarte) und präge dir die Verbform im Kontext ein.

Ejercicios

Grupos de verbos *e → ie*

1 Completa el crucigrama con las formas correctas de tener o querer. Luego apunta al lado qué conjugaciones faltan. | Fülle das Kreuzworträtsel mit den richtigen Formen von tener oder querer aus. Danach notiere daneben welche Konjugationsformen fehlen.

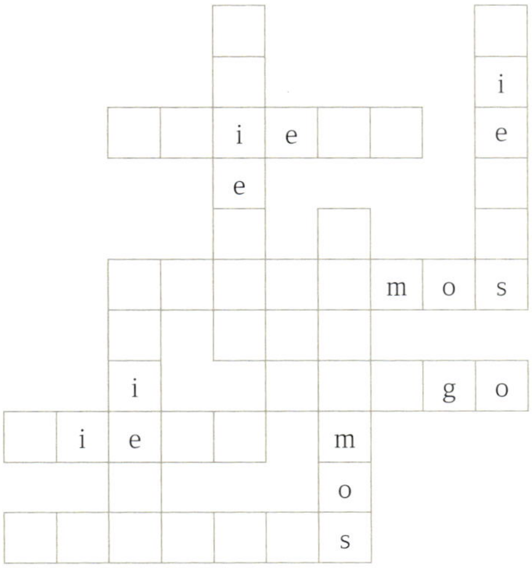

tener:

____

____

____

querer:

____

____

____

2 Completa los diálogos con la forma correcta del verbo tener o querer. | Vervollständige die Dialoge mit der richtigen Verbform von tener oder querer.

1. –Oye Paula, ¿Diego ______________ hermanos?
   –Sí, ______________ dos. Su hermana se llama Clara y su hermano Gabriel.
2. –Mañana Carlos y yo vamos al cine. ¿Y vosotras? ¿______________ ir con nosotros?
   –No podemos. Mañana ______________ una presentación en el centro cultural.
3. Mi hermano y yo ______________ ir a un restaurante nuevo cerca del polideportivo. ¿Y tú, Luis? ¿______________ comer con nosotros allí? ¿______________ tiempo?
   –Sí, sí ______________ tiempo y sí ______________ ir con vosotros.

El adjetivo

3 Relaciona y completa así las frases con el adjetivo que corresponde. | Verbinde und vervollständige so die Sätze mit dem entsprechenden Adjektiv.

Juan, mi novio, es un chico muy	1	a	antiguo.
Mis compañeras casi no hablan, son muy	2	b	serios.
En la ciudad hay edificios muy	3	c	inteligente.
Mi hermana no es ruidosa, es una chica	4	d	tímidas.
Los profes en clase son muy	5	e	modernos.
El Teatro Real es un teatro muy	6	f	tranquila.

4 a María manda fotos de su barrio. Completa el texto con las formas correctas de los adjetivos. | Vervollständige den Text mit den richtigen Formen der Adjektive.

Hola Esteban:

Ahora vivo en Madrid y Lavapiés es mi barrio _____ (nuevo/-a). Lavapiés es un barrio _____ (interesante). Cerca de mi casa hay un polideportivo muy _____ (moderno/-a) y una heladería _____ (pequeño/-a). También hay un centro comercial con tiendas _____ (grande) y muy _____ (bonito/-a). Los edificios son bastante _____ (viejo/-a), pero también hay edificios _____ (moderno/-a). Mi calle es un poco _____ (ruidoso/-a), pero también hay zonas _____ (tranquilo/-a). Lavapiés es muy _____ (alegre).

Saludos, María

Esteban Lopetegui Ruiz
Calle de Asturias, 7, 5° B
37007 Salamanca

facultativo

b Lee el texto otra vez y apunta la información en la tabla | Lies den Text noch einmal und trage die Informationen in die Tabelle ein.

¿Cómo es el barrio o la calle?	¿Qué hay en el barrio o en la calle?

2

Los verbos *ser*, *estar* y *hay*

5 Juan describe su barrio. Subraya en el texto el verbo correcto. | Unterstreiche im Text das passende Verb.

En mi barrio **hay / es / está** un teatro y **hay / es / está** muy moderno. Muy cerca **hay / es / está** también un polideportivo y un parque. El parque **hay / es / está** pequeño, pero **hay / son / están** talleres de slackline gratis. El centro comercial **hay / es / está** al lado del museo. El edificio del museo **hay / es / está** muy bonito, pero **hay / es / está** muy viejo. Mañana **hay / es / está** una visita guiada. En el centro cultural **hay / es / está** hoy una presentación de un libro. Quiero ir, pero **hay / es / está** lejos de mi casa.

6 En el instituto hay nuevos compañeros españoles de intercambio. Tus amigos y amigas tienen muchas preguntas y necesitan tu ayuda. ¿Cómo lo dices en español o en alemán? | In der Schule gibt es neue spanische Austauschschüler. Deine Freunde und Freundinnen haben viele Fragen und brauchen deine Hilfe: Wie drückst du das auf Spanisch oder auf Deutsch aus?

1. Wer seid ihr?

   ____

2. Somos los nuevos compañeros de intercambio.

   ____

3. Und wo ist eure Lehrerin?

   ____

4. Está en la cafetería.

   ____

5. Und wo wohnt ihr? Wo ist euer Haus?

   ____

6. Vivimos en Dahlem. Nuestra casa está cerca de la universidad.

   ____

7. Das ist sehr weit weg von hier. Gibt es eine U-Bahn[1] in der Nähe?

   ____

8. Sí, el metro está cerca de nuestra casa y también hay un teatro.

   ____

9. Ein Theater? Und wo ist es genau[2]?

   ____

1 die U-Bahn el metro 2 genau *adv.* exactamente

7 a Nico envía un e-mail de sus vacaciones. Completa el texto con las formas correctas de hay, ser o estar. | Vervollständige den Text mit den richtigen Verbformen von hay, ser oder estar.

es_mail | enviar | insertar | ortografía | opciones | cancelar

¡Hola Marco!

______________ en Panajachel. Panajachel ______________ una ciudad pequeña en Guatemala. ______________ muy cerca del Lago de Atitlán y ______________ muy bonita. Panajachel ______________ una ciudad muy tranquila, pero también muy turística. Por eso ______________ muchas tiendas y muchos restaurantes. En Panajachel ______________ una calle muy grande, ______________ la Calle Santander. Los edificios de la ciudad ______________ bastante viejos. Las calles ______________ pequeñas.

En Panajachel también ______________ un parque; ______________ al lado de la iglesia. ¡Todo ______________ muy chulo!

Nico

facultativo

b Lee el texto otra vez y apunta la información sobre Panajachel en la tabla. | Lies den Text noch einmal und trage die Informationen über Panajachel in die Tabelle ein.

¿Cómo es?	¿Dónde está?	¿Qué hay?

Las contracciones *del* y *al*

8 **Completa las frases con la preposición de o a y el artículo correcto.** | Vervollständige die Sätze mit Präposition de oder a und den passenden Artikel.

1. Ellas son mis compañeras ______________ instituto.
2. Estos son los edificios viejos ______________ ciudad.
3. Voy con mis compañeros ______________ polideportivo.
4. Este es un mensaje ______________ vecino.
5. Vivimos cerca ______________ centro comercial.
6. Vamos ______________ restaurante al lado ______________ panadería.
7. Este es el programa de estadística ______________ ordenador.
8. Estas son las tiendas ______________ barrio.
9. María va ______________ biblioteca ______________ universidad.

Los determinantes posesivos

9 a **Miguel presenta en su clase a su amigo Julian. Completa el texto con los determinantes posesivos correctos.** | Vervollständige den Text mit den richtigen Possessivbegleitern.

Él es ________________________ amigo Julian de Berlín. ________________________ padre es de Alemania, pero ________________________ madre es de Colombia. Por eso Julian habla alemán y español en casa. Muchas personas de ________________________ familia viven en Colombia, en Bogotá. Julian habla con ________________________ abuelos por internet. Yo también tengo familia en Bogotá porque ________________________ padres también son de Colombia. Ahora Julian y yo queremos ir a Colombia juntos. Queremos visitar a ________________________ familias y ________________________ amigos allí. ¿Y vosotros? ¿Dónde viven ________________________ familias?

facultativo

b **Lee el texto otra vez y marca las respuestas correctas.** | Lies den Text noch einmal und kreuze die richtige Antworten an.

1. ¿De dónde es Julian?
   ☐ Berlín ☐ Bogotá ☐ Colonia
2. ¿Quién habla alemán y español en casa?
   ☐ Julian ☐ Miguel ☐ Julian y Miguel
3. ¿Cómo habla Julian con sus abuelos?
   ☐ por e-mail ☐ por internet ☐ por teléfono
4. ¿Quién tiene familia en Bogotá?
   ☐ Julian ☐ Miguel ☐ Julian y Miguel

Los determinantes *mucho/-a* y *poco/-a*

10 **Apunta el número del determinante al lado de los sustantivos que corresponden.** | Trage die Nummer der Begleiter neben die entsprechende Substantive ein.

1 mucha | 2 mucho | 3 pocas | 4 pocos

☐ familia ☐ compañeras ☐ temas ☐ calles ☐ programación ☐ deporte ☐ café ☐ artistas ☐ recreo ☐ direcciones ☐ mensajes ☐ gente ☐ fotos ☐ panaderías

Grupos de verbos *o → ue*

11 **Completa las frases con la forma correcta de los verbos probar, poder o costar.** | Vervollständige die Sätze mit der richtigen Form von probar, poder oder costar.

1. Voy al parque. Hoy ______________ el taller de slackline.
2. Jaime, hoy el cine ______________ 10 euros, pero mañana ______________ ir gratis.
3. Mañana no ______________ estudiar juntos, porque mañana Luis y yo ______________ el rocódromo nuevo.
4. ¿Cuánto ______________ los nuevos programas de estadística? ¿Son muy caros?

Los verbos modales *poder*, *querer* y *tener que*

12 **Escucha el diálogo y completa el texto con poder, querer o tener que.** | Höre den Dialog und vervollständige den Text mit poder, querer oder tener que.

Nico ______________ quedar con Mateo, pero Mateo no ______________. Mateo ______________ estudiar para un examen de Inglés. Nico ______________ ver la tele y comer algo en su casa, pero Mateo no ______________. Dice que es muy aburrido. Nico ______________ quedar con Ana y Julia en la cafetería. Nico escribe entonces un mensaje a Ana: «¿Julia y tú ______________ quedar con nosotros hoy en la cafetería? ¿Tenéis tiempo? ¿______________?» Pero Ana contesta: «No, no ______________. Julia y yo ______________ practicar alemán hoy».

2

El verbo *ir* y el verbo *hacer*

13 Encuentra las formas de los verbos ir y hacer en la sopa de letras y apúntalas en la tabla. | Finde die Konjugationsformen von ir und hacer im Buchstabengitter und trage sie in die Tabelle ein.

h	a	c	e	n	é	h
v	a	i	s	y	v	a
h	a	c	e	v	a	c
v	a	n	e	a	s	é
o	h	a	c	m	é	i
y	h	a	g	o	o	s
h	a	c	e	s	i	s

ir:	hacer:
______	______
______	______
______	______
______	______
______	______
______	______

14 Formula las frases con las palabras de los casilleros. | Formuliere die Sätze mit den Wörtern aus den Kästchen.

deporte | por el museo | hacen | va a la | van | con mis amigos

del instituto | la cafetería | visita guiada | divertidas | al polideportivo | biblioteca

1. Mariana ______
2. Hago cosas ______
3. Ellos ______
4. Marco y Luis ______
5. Hacemos una ______
6. Vais a ______

15 Andrés se presenta. Completa el texto con una forma de los verbos del casillero. | Vervollständige den Text mit einer Form der Verben aus dem Kasten.

hacer *ser* *tener* *estudiar* *ir* *estar* *hay* *vivir*

Hola, mi nombre ______ Andrés y ______ de Madrid. Pero ahora ______ con mi madre y mi padre en Sevilla. ______ tres hermanos y todavía ______ en el instituto. En mi barrio ______ un parque genial. Este parque ______ muy cerca de mi casa. Ahí ______ a descansar después de clases con mis amigos. Y tú ¿qué ______ en tu barrio?

Vocabulario

1 Apunta delante de los sustantivos el artículo definido correcto: masculino (el), femenino (la) o ambos (el/la). | Notiere vor den Substantiven den passenden bestimmten Artikel: maskulin (el), feminin (la) oder beides (el/la).

______ lengua	______ internet	______ e-mail	______ letra
______ programa	______ hotel	______ película	______ móvil
______ artista	______ texto	______ cine	______ taller
______ foto	______ tema	______ parque	______ diálogo
______ arroba	______ euro	______ gente	______ joven
______ guion	______ estadística	______ deporte	______ ordenador

2 a Apunta los pronombres sujetos en castellano. | Trage die Subjektpronomen auf Spanisch ein.

ich:	______________	☐	wir:	______________	☐
du:	______________	☐	ihr:	______________	☐
er/sie/es:	______________	☐	sie:	______________	☐
Sie:	______________	☐	Sie:	______________	☐

b Subraya el pronombre sujeto en alemán que no tiene equivalente en castellano. | Unterstreiche das deutsche Subjektpronomen, das keine passende Übersetzung auf Spanisch hat.

c Marca con una cruz los pronombres sujeto que se usan en español para expresarse formalmente. | Kreuze die Subjektpronomen an, die man auf Spanisch für die höfliche Anrede verwendet.

3 a ¿En qué palabras el acento no tiene que ver con la pronunciación? Márcalas. | Bei welchen Wörtern hat der Akzent nichts mit der Betonung zu tun? Markiere sie.

☐ Múnich	☐ los jóvenes	☐ dónde	☐ tímida
☐ qué	☐ cuáles	☐ difícil	☐ aquí
☐ la película	☐ comprendéis	☐ quiénes	☐ vivís
☐ cuándo	☐ después	☐ la cafetería	☐ cómo

b ¿Qué tipo de palabras son? | Was sind das für Wörter?

☐ Adjektive	☐ Fragewörter
☐ Substantive	☐ Verben

Gramática

4 Completa el texto con una forma de hay, ser o estar. | Vervollständige den Text mit der richtigen Form von hay, ser oder estar.

Pamplona ______________ una ciudad en España. ______________ en Navarra, en el País Vasco. En Pamplona ______________ una plaza muy famosa. ______________ la Plaza del Castillo. Cerca de la plaza ______________ muchos edificios viejos, pero otros edificios allí en la plaza también ______________ muy modernos. Cerca de la Plaza del Castillo también ______________ muchas tiendas y restaurantes. Uno ______________ el Restaurante de La Plaza. ______________ al lado de una panadería muy vieja y ______________ un restaurante muy famoso en Pamplona.

5 Completa el diálogo con la forma correcta de los verbos. | Vervollständige den Dialog mit der richtigen Form der Verben.

Jaime: Hola Raúl, ¿qué tal? ¿Cómo ______________ (*estar*)? ¿Qué ______________ (*hacer*) aquí en el polideportivo?

Raúl: Hola Jaime. Bien, ______________ (*estar*) bien. Hoy ______________ (*probar*) el rocódromo nuevo. Más tarde __________ (ir) a la heladería con Mauricio. ¿Y tú, Jaime? ¿______________ (*tener*) tiempo? ¿______________ (*querer*) ir a la heladería con nosotros?

Jaime: No, no ______________ (*poder*). Ahora no ______________ (*tener*) tiempo. Sara y yo ______________ (*querer*) estudiar para el examen de mañana. ______________ (*estar*) aquí en el polideportivo solo porque ella ______________ (*tener*) que buscar a su hermana. Su hermana ______________ (*hacer*) mucho deporte.

Raúl: Ah, vale… ¿Y más tarde?

Jaime: Mmm… No lo sé, pero mira, ahí ______________ (*estar*) Sara. Hola Sara, ¿qué tal? ¿Y tu hermana?, ¿dónde ______________ (*estar*)?

Sara: Hola Jaime, hola Raúl. Mi hermana y sus amigas ____________ (*probar*) ahora el rocódromo nuevo. Mi madre ____________ (*buscar*) más tarde a mi hermana, así que yo ____________ (*poder*) estudiar ahora.

Raúl: ¿Sara, Raúl? ¿Y qué ____________ (*hacer*) más tarde? ¿Por qué no ____________ (*quedar*) en mi casa y ____________ (*comer*) algo? Yo también ____________ (poder) invitar a José… ¿____________ (*tener*) su número nuevo?

Sara: No, yo no ____________ (*tener*) su número nuevo… ¿Y tú Jaime, ____________ (*tener*) tú el número?

Jaime: Pues yo creo que sí… ¡Sí, mira!, aquí lo ____________ (*tener*) en mi móvil. Bueno, entonces con Sara ____________ (*estudiar*) ahora y después ____________ (*quedar*) en tu casa, ¿vale?

Raúl: ¡Sí, vale! ¡Genial!

3

6 a Escucha el diálogo entre los chicos y formula preguntas sobre ellos con las siguientes palabras. | Höre den Dialog und formuliere Fragen mit den folgenden Wörtern.

quién	estudia	los chicos
de dónde	trabaja	Miguel
cómo	charlan	la chica
dónde	es	el chico
	se llama	
	comen	

1. ____

2. ____
3. ____
4. ____
5. ____
6. ____

3

b Escucha otra vez y contesta tus preguntas. | Höre noch einmal zu und beantworte deine Fragen.

1. ____
2. ____
3. ____
4. ____
5. ____
6. ____

Conocimiento global

7 Completa el texto con las letras que faltan. | Vervollständige den Text mit den fehlenden Buchstaben.

Im Text stehen einige Wörter nur zur Hälfte. Hat das Wort eine ungerade Buchstabenzahl, fehlt ein Buchstabe mehr als die Hälfte. Das heißt, wenn z. B. drei Buchstaben vor einer Lücke stehen, musst du noch drei Buchstaben ergänzen oder maximal vier. Aber niemals weniger oder mehr als das!

San Cristóbal de Las Casas

San Cristóbal de Las Casas es una ciudad peq_______ y muy bon_______. Está en Chiapas, México y e_______ también una ciudad m_______ antigua. Los edif_______ de San Cristóbal son muy vie_______ también. En el centro d_______ la ciudad h_______ una pl_______ muy importante. Es la Plaza de La Catedral. La Catedral de San Cristóbal de Las Casas es u_______ edificio muy gra_______ y muy inter_______. Las calles de la ciudad s_______ pequ_______ y no son muy ruid_______. En general San Cristóbal de Las Casas es u_______ ciudad muy tran_______. En el centro hay una ca_______ muy fam_______. Se llama: El Andador Real de Guadalupe. Es u_______ calle muy alegre con mu_______ gente. También hay arti_______ fenomenales, tie_______ muy crea_______ y muchos restau_______. Cerca del Barrio del Cerillo en San Cristóbal es_______ el mercado. Es un parque muy gra_______ con muc_______ tiendas de artesanía[1]. San Cristóbal de Las Casas es una ciudad gen_______.

1 la artesanía die Handwerkskunst

1 Das Fragewort *cuánto/-a* | El pronombre interrogativo *cuánto/-a*

	♂	♀
Singular	¿**Cuánto** tráfico hay en Madrid?	¿**Cuánta** gente hay en la fiesta?
Plural	¿**Cuántos** hermanos tienes?	¿**Cuántas** hermanas tienes?

Das Fragewort *cuánto/-a* wird wie alle Adjektive in Numerus (Sg./Pl.) und Genus (m./f.) an das Substantiv angeglichen, auf das es sich bezieht.

2 Die Verneinung mit *tampoco* | La negación con *tampoco*

Tampoco bedeutet „auch nicht".
vgl. engl. *either, neither.*

–No me gusta jugar al fútbol. –A mí **tampoco**.
–No hablo árabe y **tampoco** hablo francés.

Tampoco kann allein stehen oder vor dem konjugierten Verb.

3 Das indirekte Objektpronomen | El pronombre de complemento indirecto

Blanca	**me**	escribe. / da el libro.	*mir*
	te		*dir*
	le		*ihm/ihr/Ihnen*
	nos		*uns*
	os		*euch*
	les		*ihnen/Ihnen*

Die indirekten Objektpronomen heißen *me/te/le/nos/os/les*.
Achte darauf, dass *le* und *les* sowohl für maskuline als auch für feminine Objekte stehen.

indirektes Objektpronomen	direktes Objektpronomen
¿**Le** preguntas?	*Fragst du **ihn/sie**?*

¡OJO! Es gibt einige wenige Verben im Spanischen, wie z. B. *preguntar*, die mit einem indirekten Objekt stehen, während sie im Deutschen (z. B. „fragen") aber mit einem direkten Objekt (= Akkusativobjekt) verwendet werden.

preguntar a alguien	*jdn fragen*	► Unidad 4
interesar a alguien	*jdn interessieren*	► Unidad 5
costar a alguien	*jdn viel kosten*	► Unidad 7
informar a alguien	*jdn informieren*	► Unidad 7
pedir a alguien	*jdn um etw. bitten*	► Unidad 7

LERNTIPP Lerne solche Verben mit dem Pronomen zusammen: *preguntar**le** (a alguien), interesar**le** (a alguien)*, ...

4 Das Verb *gustar* | El verbo *gustar*

(A mí) (A ti) (A él/ella/usted) (A nosotros/-as) (A vosotros/-as) (A ellos/-as/ustedes)	me te le nos os les	gusta	la música. hacer deporte.	**gusta** + *best. Artikel + Substantiv im Sg.* **gusta** + *Infinitiv*
		gustan	las películas. el fútbol y el tenis.	**gustan** + *best. Art. + Substantiv/e im Pl.* **gustan** + *best. Art. + mehrere Substantive*

Esta película me gusta. *Dieser Film gefällt mir.*

Estas películas me gustan. *Diese Filme gefallen mir.*

Ob *gusta* oder *gustan* gebraucht wird, richtet sich nach dem Subjekt (Singular. oder Plural).

LERNTIPP Das Verb *gustar* wird genauso verwendet wie das deutsche Verb „gefallen".

A mí **me** gusta bailar, pero | a Ana / a su novio | no **le** gusta.

Mit *a* + Pronomen (*a mí...*) oder Substantiv (*a su novio*) / Namen (*a Ana*) kann das Objektpronomen hervorgehoben oder genauer bestimmt werden.

¡OJO!
Me **gusta** mucho la pizza.
*Ich **mag gerne** Pizza.*
Yo también **quiero** pizza.
*Ich **möchte** auch Pizza.*

–¿Os gusta escuchar la radio?

☺ –A mí sí. –Me gusta (mucho/bastante).
–A mí también.

☹ –A mí no. –No me gusta (mucho/nada).
–A mí tampoco.

Wenn du der Antwort anderer zustimmen möchtest, kannst du auch *a mí tambien / a mí tampoco* benutzen.

Me **gusta mucho** viajar. = Me **encanta** (viajar).

¡OJO! *Encantar* wird nie für Fragen verwendet und es wird auch nie verneint!

5 *Estar* + gerundio | *Estar* + gerundio

estoy estás está estamos estáis están	habl**ando** com**iendo** escrib**iendo**

Estar + gerundio drückt aus, was man gerade tut bzw. was gerade geschieht.
Diese Verlaufsform wird mit einer konjugierten Form des Verbs *estar* und dem *gerundio* gebildet und entspricht dem englischen *present progressive*.

I am speaking.	Ich spreche **gerade**.
You are writing.	Du schreibst **gerade**.
He is eating.	Er isst **gerade**.

Verben auf -ar	Verben auf -er	Verben auf -ir
habl-**ando**	com-**iendo**	escrib-**iendo**

Das *gerundio* wird aus dem Stamm des Verbs und den Endungen *-ando* (bei den Verben auf *-ar*) und *-iendo* (bei den Verben auf *-er* und *-ir*) gebildet.

decir	→	diciendo	pedir	→	pidiendo
ir	→	yendo	repetir	→	repitiendo
leer	→	leyendo	preferir	→	prefiriendo
venir	→	viniendo	dormir	→	durmiendo

Einige Verben haben eine unregelmäßige Form des *gerundio*.

LERNTIPP Lerne diese Formen auswendig.

6 Die Fragepronomen *cuál* und *qué* | Los pronombres interrogativos *cuál* y *qué*

–Me gusta esta camisa. –¿**Cuál**? ¿La blanca? –No, la amarilla. *(Welches Hemd?)*	–¿**Qué** camisa te gusta? –La amarilla. *(Welches Hemd?)*
–Prefiero esas camisas. –¿**Cuáles** (prefieres)? –Las negras. *(Welche Hemden?)*	–¿**Qué** camisas prefieres? –Las negras. *(Welche Hemden?)*

Für das Fragewort „welche/r, welches" gibt es im Spanischen zwei verschiedene Fragepronomen: *cuál/cuáles* und *qué*.
Cuál/Cuáles steht ohne Substantiv oder mit einem Verb, *qué* steht immer mit einem Substantiv.

EL MUNDO DEL ESPAÑOL In Lateinamerika werden die Fragewörter *cuál/cuáles* allerdings oft vor einem Substantiv verwendet. In diesem Fall verhalten sie sich genauso wie das Fragewort *qué*. Wenn das Bezugswort im Plural steht wird natürlich die Pluralform *cuáles* verwendet.

	Spanien	Lateinamerika
Singular	¿**Qué** heladería te gusta más?	¿**Cuál** heladería te gusta más?
Plural	¿**Qué** helados prefieres?	¿**Cuáles** helados prefieres?

7 Die Demonstrativbegleiter und -pronomen | Los determinantes y pronombres demostrativos

	♂	♀
Singular	este pantalón ese	esta camiseta esa
Plural	estos pantalones esos	estas camisetas esas

Durch *este*/*esta* und *ese*/*esa* wird im Spanischen genauer als im Deutschen unterschieden, wie weit entfernt sich eine Sache (oder Person) vom Sprecher befindet (vgl. engl. *this*/*that* und *these*/*those*). Alle Demonstrativbegleiter müssen immer an das Substantiv, auf das sie sich beziehen, in Numerus (Sg./Pl.) und Genus (m./f.) angeglichen werden.

Este (cinturón) es muy caro.
... ***dieser** (Gürtel) **hier***
Mira, ese (cinturón) es barato.
... ***der** (Gürtel) **dahinten***

¡OJO! Die maskulinen Demonstrativbegleiter und -pronomen im Singular enden auf *-e* und nicht auf *-o*.

⚠ Folgende Formulierungen sind falsch:
~~Esto~~ cinturón ~~Eso~~ cinturón

8 Das Verb *parecer* | El verbo *parecer*

¿Qué	te le os les	parece	la película? esta camiseta blanca?
		parecen	las camisetas rojas? estos vaqueros?

Während man mit dem Verb *gustar* nur fragen kann, **ob** etwas gefällt, kann man mit *parecer* fragen, **wie** jemand etwas findet.

¡OJO! Adjektive müssen immer angeglichen werden.

Me Le Nos Les	parece	interesante. bonita.	(la película) (la camiseta)
	parecen	fantásticas. cómodos.	(las camisetas) (los vaqueros)

Parecer wird nur mit den Formen *parece* und *parecen* sowie einem indirekten Objektpronomen verwendet. Es verhält sich im Satz wie das Verb *gustar*.
▶ S. 33/4

–Chicos, ¿os gusta esta camiseta?
–Sí, me gusta **mucho**.
–No, a mí no me gusta **nada**.
–Chicos, ¿qué os parece esta camiseta?
–A mí me parece **bonita**.
–A mí me parece **fea**.

¡OJO! Im Unterschied zu *gustar* verwendet man mit dem Verb *parecer* nicht *mucho*, *bastante* und *nada*, sondern **Adjektive**, mit denen das Verb *gustar* nicht stehen kann.

⚠ Aber nicht:
–A mí me parece ~~mucho~~. –A mí me parece ~~nada~~.

–¿Qué te parece la película?
–Me parece **bien/mal**.

Parecer kann zudem auch mit den Adverbien *bien* und *mal* verwendet werden.

9 Das direkte Objekt bei Personen *a* | El complemento directo con personas *a*

direktes Objekt = Sache	direktes Objekt = Person
¿Ves el libro? Busco mis libros.	¿Ves **a** Ana? Busco **a** mi hermana.

Wenn das direkte Objekt eine Person ist, dann muss die Präposition *a* vor dem Objekt verwendet werden.

10 Das Relativpronomen *que* | El pronombre relativo *que*

1. La camiseta **que** está de oferta no me gusta.
2. ¿Compras los zapatos **que** están de oferta?

Das Relativpronomen *que* ist unveränderlich, d. h. es wird weder in Genus (m./f.) noch in Numerus (Sg./Pl.) angeglichen. Es kann im Relativsatz Subjekt (wer?/was? → Satz 1) oder direktes Objekt (wen?/was? → Satz 2) sein.

11 Der Gebrauch von *ser* und *estar* | El uso de *ser* y *estar*

ser: Charakter oder Eigenschaft
–Nuestro vecino **es** muy inteligente y simpático.
La clase de Alemán **es** interesante.
El centro de Madrid **es** bastante ruidoso.

Das deutsche Verb „sein" wird im Spanischen je nach Bedeutung mit *ser* oder *estar* wiedergegeben. Mit dem Verb *ser* beschreibt man in der Regel den **Charakter** oder eine **Eigenschaft** der Sache/Person. Wenn das **Aussehen** einer Person/Sache beschrieben wird, steht ebenfalls *ser*.

ser: Aussehen
Pablo es alto y delgado.
La Sra. Ruiz **es** elegante y guapa.
Las casas **son** grandes y modernas.
El cinturón **es** nuevo.

¡OJO! Die Adjektive müssen immer in **Numerus** (Sg./Pl.) und Genus (m./f.) an das Subjekt angeglichen werden.

ser + Substantiv
Es un tema serio.
Son chicos alegres y simpáticos.
Es una alumna vaga.

Nur *ser* kann vor Substantiven stehen – *estar* dagegen nie.

estar + Adjektiv
Lucía **está nerviosa** porque tiene un examen.
Tarek **está cansado** porque estudia mucho.

Wenn man hingegen den **Zustand** einer Person beschreibt, wird das Verb *estar* + Adjektiv verwendet.

estar: Ortsangabe
Tarek **está** en Madrid.
La heladería **está** cerca de la plaza.

Für Ortsangaben wird immer *estar* verwendet, es sei denn, das Substantiv ist unbestimmt. In diesem Fall verwendet man *hay*. ► S. 17/4
⚠ Cerca de la plaza **hay** una heladería.

Ejercicios

El pronombre interrogativo *cuánto/-a*

1 **Usa una de las siguientes palabras para formular la pregunta correspondiente como en el ejemplo.** | Verwende eine der folgenden Wörter, um die passende Frage wie im Beispiel zu formulieren.

pantalón gris teatro ~~texto~~ hermana
camiseta tiempo cinturón libro

1. ¿Cuántos textos tienes que leer?
Tengo que leer dos. Uno en alemán y uno en inglés.
2. ______
Tengo tres. Se llaman Carmen, Lupe y Miriam.
3. ______
Quiero comprar dos. Una roja y una violeta.
4. ______
El gris cuesta solo 35,00 €. ¡Está de oferta!
5. ______
Necesito dos. Uno de Estadística y uno de Administración.
6. ______
No tengo mucho. Solo cinco minutos.
7. ______
En el barrio hay uno. Está cerca del parque.
8. ______
Quiero comprar uno de cuero ecológico, por favor.

El pronombre de complemento indirecto

2 **a** **Apunta los pronombres de complemento indirecto.** | Trage die indirekten Objektpronomen ein.

euch Ihnen mir ihr uns dir Ihnen ihm ihnen

me ______ le ______ os ______
te ______ nos ______ les ______

b **Completa las frases con el complemento indirecto que corresponde.** | Vervollständige die Sätze mit dem passenden indirekten Objektpronomen.

1. ¿Y a tus hermanos? ¿Cuándo ______ mandas saludos?
2. ¿Y a tú abuela? ¿Cuándo ______ escribes un e-mail?
3. ¿Y a mí? ¿Cuándo ______ compras ropa nueva?

3 Usa el pronombre de complemento indirecto y formula las frases como en el ejemplo. | Verwende das indirekte Objektpronomen und schreibe die Sätze wie im Beispiel.

1. Marco / *escribir* / un mensaje / (a Nuria) Marco le escribe un mensaje.
2. María / *leer* / un texto / (a sus compañeros) ______
3. Marta / *dar* / su dirección / (a Lucía) ______
4. Alejandro / *mandar* / un enlace / (a nosotros) ______
5. Lucía / *contestar* / el mensaje / (a ti) ______
6. Víctor / *comprar* / una entrada / (a vosotras) ______
7. Maite / *preparar* / un café / (a mí) ______

El verbo *gustar*

4 a Completa el dialogo con la forma correcta de gustar y con el pronombre de complemento indirecto. | Vervollständige den Dialog mit der richtigen Form von gustar und dem richtigen indirekten Objektpronomen.

Radio: Hola y bienvenidos a nuestro programa de radio «Con Amigos». Hoy hablamos sobre «el tiempo libre» y tenemos a Rogelio al teléfono. Rogelio, ¿qué ______ ______ hacer en tu tiempo libre?

Rogelio: ¡Hola a todos! A mí ______ ______ hacer deporte con mis amigos.

Radio: ¡Muy bien! ¿Y qué deporte ______ ______ más a vosotros?

Rogelio: ¡Hombre, qué pregunta! Por supuesto que a nosotros ______ ______ el fútbol.

Fotolia / Kzenon

Radio: ¡Vale, muy bien! Gracias Rogelio. Y ahora tenemos a Cecilia. Cecilia, ¿qué tal tu tiempo libre?

Cecilia: ¡Fatal! Bueno, a mí ______ mucho mi tiempo libre, pero no ______ ______ nada el tiempo libre de mis vecinos. A ellos ______ ______ mucho los videojuegos. ¿Y el ruido que hacen? ¡Es horrible![1] No ______ ______ nada. Luego llegan sus novias y a ellas ______

______________ la música salsa. A mí esa música tampoco ______________

______________, entonces…

Radio: Pues mala suerte[2] Cecilia. Y ahora tenemos a Jordi. ¡Hola Jordi! …

1 **horrible** furchtbar 2 **mala suerte** *hier* Pech

facultativo

b Lee el texto otra vez y marca «correcto» o «falso». | Lies den Text noch einmal und kreuze an, was zutrifft.

	correcto	falso
1. «Con Amigos» es un programa de televisión.	☐	☐
2. El programa «Con Amigos» es sobre el deporte.	☐	☐
3. A Rogelio le gusta mucho hacer deporte con sus amigos.	☐	☐
4. A los amigos de Rogelio les gusta mucho el cine.	☐	☐
5. A Cecilia le gustan mucho los videojuegos.	☐	☐
6. Los vecinos de Cecilia son muy tranquilos.	☐	☐
7. A las novias de los vecinos de Cecila les gusta la música salsa.	☐	☐

3

Estar + gerundio

5 Completa el crucigrama con las formas correctas del gerundio. | Fülle das Kreuzworträtsel mit den richtigen Formen des gerundio aus.

1▸ preferir
2▸ dormir
3▸ decir
4▸ leer
5▸ pedir
6▸ ir
7▸ repetir
8▸ venir
9▸ hacer
10▸ hablar

6 a Mira el dibujo y completa el mensaje de Luisa con las formas de estar + gerundio. | Schaue dir das Bild an und vervollständige Luisas SMS mit estar + gerundio.

grupo de chat

La profesora no está y en la clase… ¡Hay caos! Juan y Mateo ____________________ ____________________ mensajes. Marianela ____________________ ____________________. Nicolás ____________________ ____________________ con Pedro. Mayela ____________________ ____________________ por teléfono. Nosotras ____________________ ____________________ alemán. Carolina y Andrea ____________________ ____________________ la guitarra. ¿Y vosotros? ¿Qué ____________________ ____________________?

facultativo

b Usa estar + gerundio y contesta el mensaje de Luisa. Escribe cuatro frases con los verbos del recuadro. | Verwende estar + gerundio und beantworte Luisas SMS. Schreibe vier Sätze mit den Verben aus dem Kasten.

buscar *salir* *ir* *dormir* *leer* *comer* *comprar*

1. ____________________
2. ____________________
3. ____________________
4. ____________________

Los pronombres interrogativos *cuál* y *qué*

7 **Carolina y Mateo compran ropa. Completa el diálogo con los pronombres interrogativos cuál/es o qué.** | Vervollständige den Dialog mit den Fragewörtern cuál/es oder qué.

1. –¿______________ jersey te gusta más?

   –Me gusta el verde.

   –Hay dos verdes. ¿______________ prefieres?

   –Este, el verde con amarillo.

   –Y mira, aquí están los zapatos de cuero.

   ¿______________ quieres?

   –¿______________ están de oferta?

   –Estos, los negros.

   –¿Y ______________ número son?

   –Son 43.

2. –Mira estás chaquetas. ¿______________ color te gusta?

   –Me gusta la roja, pero ¿______________ talla es?

   –¿______________ necesitas?

   –La talla L.

   –Y para terminar una camisa. ¿______________ camisas buscas? ¿de manga larga o de manga corta?

   –¿______________ prefieres tú?

   –Yo prefiero la de manga larga. Es más elegante.

El verbo *parecer*

8 **Subraya el pronombre de complemento indirecto y el verbo correctos.** | Unterstreiche das passende indirekte Objektpronomen und das passende Verb.

1. –¿ Me / Te / Le parecces / parecen / parece bonitos estos cinturones?

   –No, no me / te / le gustas / gustan / gusta nada. Son muy feos.

2. –A Julia las presentaciones de libros les / le / nos parece / parecen / pareces muy interesantes.

   –¿En serio? Pues a nosotras no les / le / nos gusta / gustamos / gustan ir a una presentación.

   Les / Le / Nos parece / parecemos / parecen muy aburrido.

3. –¿Qué les / os / te parecen / parecemos / parece la profesora de informática?

   –¿A nosotros? A nosotros le / nos / os parecemos / parece / parecéis muy simpática y muy inteligente. ¿Y a ti?

9 **Escucha y completa las frases con el pronombre de complemento indirecto correcto y** parece **o** parecen. | Höre zu und vervollständige die Sätze mit den richtigen indirekten Objektpronomen und der richtigen Form von parece oder parecen.

1. A Sara, Miguel y Pablo no le parecen ______ serios.
2. A Sara, los chicos ______ alegres.
3. A Miguel y a Pablo, el nuevo profesor de inglés ______ muy simpático y ______ divertido.
4. A los chicos, Ian McKelly ______ muy guapo, pero ______ muy inteligente.
5. A Sara, su profesora de inglés ______ muy estricta.
6. A la chica, Paloma Reyes, la profesora de inglés ______ vieja.
7. A Miguel, Sara ______ nerviosa.
8. A Sara, el examen ______ fácil.

El complemento directo con personas *a*

10 **Completa las frases con la preposición** a **si es necesario.** | Vervollständige die Sätze mit der Präposition a, falls nötig.

1. Necesito ______ un jersey nuevo. ¿Cuál te gusta?
2. Estoy buscando ______ María. ¿Dónde está?
3. Julia y Manuela están viendo ______ una película muy divertida.
4. Luisa está buscando ______ los libros de administración en la biblioteca.
5. Carlos escucha ______ la profesora de alemán, pero no comprende mucho.
6. Lucía necesita ______ Marta para practicar alemán.
7. Rodrigo está escuchando ______ un programa de radio muy divertido.

El pronombre relativo *que*

11 **Usa el pronombre relativo** que **y formula frases como en el ejemplo.** | Verwende das Relativpronomen que und schreibe Sätze wie im Beispiel.

1. Marcela / chica / *trabajar* en el museo

   Marcela es la chica que trabaja en el museo.

2. Daniel / compañero / *buscar* entradas para el concierto

   ______

3. Felipe y Santiago / jóvenes / *estar* preparando una campaña

____

4. Camilo / chico / *tocar* la guitarra muy bien

____

5. Paula / hermana de Antonio / *tener* el pelo rubio

____

6. Ellos / chicos / *tener* una pandilla muy divertida

____

3

El uso de *ser* y *estar*

12 **¿Ser o estar? Subraya el verbo correcto.** | Unterstreiche das richtige Verb.

1. Luis **es / está** nervioso porque tiene una entrevista para unas prácticas.
2. Las camisetas verdes **son / están** de oferta.
3. Graciela y Mariano **son / están** novios y ahora Mariano **es/está** muy contento.
4. Julio comprende todos los textos para el examen y por eso **es / está** feliz. También **es / está** un poco cansado, pero eso no **es / está** muy importante.
5. Patricia **es / está** la chica baja que lleva gafas, que **es / está** muy simpática y que **es / está** feliz porque ahora vive en un barrio nuevo que **es / está** muy bonito.

13 **Completa la presentación de Gonzalo con una forma de ser o estar.** | Vervollständige den Text über Gonzalo mit ser oder estar.

Fotolia / Christian Schwier

Este ______________ Gonzalo Venegas Rojas y ______________ aquí, en su trabajo. Gonzalo ______________ profesor de informática en un instituto. El instituto ______________ en Granada, en Andalucía. Gonzalo ______________ muy tranquilo. También ______________ muy creativo. En las clases él nunca ______________ nervioso. Gonzalo trabaja mucho y por eso a veces ______________ cansado, pero en el instituto él ______________ muy alegre. Además, a él le encanta su trabajo y por eso siempre ______________ contento en las clases. Para los alumnos del instituto Gonzalo ______________ un profesor bastante simpático y feliz.

1 Die Uhrzeit | La hora

–¿Qué hora es? –**Es la** una… / **Son las** dos…

Bei der Frage nach der Uhrzeit und bei „ein Uhr" steht das Verb *ser* im Singular.
Bei allen anderen Uhrzeiten steht das Verb *ser* im Plural.

Son las dos y media. (= *halb drei*)

Anders als im Deutschen wird nicht schon ab „halb" rückwärts gezählt.

Son las tres menos veinticinco.
(= *fünf nach halb drei / fünfundzwanzig vor drei*)

Erst nach „halb" wird rückwärts gezählt.

Son las **veintidós horas y cuarenta** (minutos).
Es ist 22 Uhr 40.

Nur im Radio, im Fernsehen, auf Bahnhöfen und Flughäfen werden die Stunden von 0–23 gezählt und die Minuten von 1 bis 59 hinzugefügt.

EL MUNDO DEL ESPAÑOL In manchen Ländern Lateinamerikas, z. B. in Chile, Costa Rica und Mexiko, wird die Uhrzeit ab „halb" anders ausgedrückt. In diesen Ländern werden nicht die Minuten von der Stunde abgezogen (*son las cinco **menos** cuarto*), sondern gesagt, wie viele Minuten für die Stunde noch fehlen (*son un cuarto **para** las cinco*).

		z. B.: Chile, Costa Rica, Mexiko
¿Qué hora es?	Son las cinco **menos** cuarto.	Son un cuarto **para** las cinco.

2 Der Begleiter *todo/-a* | El determinante *todo/-a*

Estudia **todo** el tiempo.	*Die **ganze** Zeit …*
Lee **toda** la noche.	*Die **ganze** Nacht …*
Todos mis amigos van a la fiesta.	***Alle** meine Freunde …*
Me gustan **todas** estas camisetas.	***Alle** diese Hemden …*

Auf *todo/-a* folgt ein bestimmter Artikel, ein Possessivbegleiter oder ein Demonstrativbegleiter.
Die Singularformen *todo/-a* werden mit „ganze/n" übersetzt.
Die Pluralformen *todos/-as* bedeuten „alle" oder „jede, jeder, jedes, jeden".

Los alumnos de mi clase son de **toda España**

¡OJO! Vor Länder- und Städtenamen fällt der bestimmte Artikel nach *todo/-a* weg.

3 Der bejahte Imperativ | El imperativo afirmativo

		tom-ar	com-er	escrib-ir
Singular	(tú)	tom-a	com-e	escrib-e
Plural	(vosotros/-as)	tom-ad	com-ed	escrib-id

Der Imperativ drückt einen Befehl / eine Anweisung aus.
Im Singular entspricht der Imperativ der 3. Person Singular des Verbs.
Im Plural wird das Endungs-r des Infinitivs durch ein *-d* ersetzt.
Somit liegt die Betonung im Singular auf der vorletzten Silbe und im Plural auf der letzten Silbe.

Singular jugar → juega → ¡juega!
Plural dormir → +d → ¡dormid!

decir	→	**di**	tener	→	**ten**
hacer	→	**haz**	venir	→	**ven**
ir(se)	→	**ve(te)**	poner	→	**pon**
salir	→	**sal**	ser	→	**sé**

¡OJO! Einige Formen sind im Singular unregelmäßig. Aber alle Pluralformen sind regelmäßig.

4 Der Imperativ mit Pronomen | El imperativo con pronombre

¡Cómpra**le** la camiseta!
Kauf(e) ***ihm/ihr*** *das Hemd.*
⚠ ¡Le compra la camiseta!
⚠ ¡Le comprad la camiseta!
¡Explíca**me** los deberes, por favor!
Erklär(e) ***mir*** *die Hausaufgaben, bitte!*

Wie im Deutschen steht das Objektpronomen nach dem Imperativ, es wird allerdings im Spanischen direkt an das Verb angehängt. Sie dürfen nicht vor dem bejahten Imperativ stehen.
Die Betonung ändert sich trotz der zusätzlichen Silbe nicht. Deshalb achte beim Imperativ der 2. Person Singular auf den Akzent auf der drittletzten Silbe! ▶ La acentuación, p. 128

¡Comprad**le** la camiseta!
¡Explica**os** el uno al otro los deberes, por favor!
Explicad + **os** → Explicad**os**

¡OJO! Wird an den Imperativ der 2. Person Plural das Pronomen *os* angehängt, so entfällt das *-d* des Imperativs.

5 Das Futur mit *ir a* + Infinitiv | El futuro inmediato

Voy Vas Va Vamos Vais Van	a	viajar a España.

Das zusammengesetzte Futur drückt aus, dass etwas in der nahen Zukunft geschehen wird. Es wird aus einer konjugierten Form des Verbes *ir*, der Präposition *a* und einem Infinitiv gebildet.
🇫🇷 aller faire qc: Il **va voyager** à Madrid.
🇬🇧 (to) be going to do sth.: He **is going to travel** to Madrid.

6 Das Verb *venir* | El verbo *venir*

		ven-ir
Singular	1.	**vengo**
	2.	vien-es
	3.	vien-e
Plural	1.	ven-imos
	2.	ven-ís
	3.	vien-en

Venir gehört zu den Gruppenverben mit Stammvokalwechsel von *e* zu *ie* (*e* → *ie*). ► S. 16/1
Wie das Verb *tener* hat auch *venir* eine unregelmäßige 1. Person Singular (*vengo*).

LERNTIPP Das Verb *venir* kannst du dir so merken: *venir, vengo, e → ie*

¿Cuándo **vienes** a Madrid?
*Wann **kommst** du nach Madrid?*
(Der Sprecher befindet sich in Madrid.)

¡OJO! Das Verb *venir* wird benutzt, wenn die Bewegung auf den Standort des Sprechers hingeht.

Voy a Madrid mañana.
*Morgen **komme** (fahre) ich nach Madrid.*
(Der Sprecher befindet sich nicht in Madrid.)

¡OJO! Das Verb *ir* wird benutzt, wenn die Bewegung vom Sprecher weggeht.

7 Der Gebrauch von *saber* | El uso del verbo *saber*

Ana **sabe** bailar muy bien, pero hoy no <u>puede</u> porque tiene que preparar un examen.

Das deutsche Verb „können" kann im Spanischen mit *saber* oder mit *poder* wiedergegeben werden. *Saber* drückt eine erlernte Fähigkeit aus. *Poder* bezeichnet dagegen ganz allgemein den Umstand, dass jemand etwas (nicht) tun kann.

Diese Unterscheidung gibt es auch im Französischen:

Ana **sait** très bien danser, mais aujourd'hui elle ne **peut** pas parce qu'elle doit préparer un examen.

–¿Qué **sabes** hacer bien?
–**Sé** tocar la guitarra y **sé** hablar español.
⚠ Hoy los niños **se** levantan tarde.

¡OJO! Die erste Person Singular von *saber* lautet *sé*. Die anderen Formen sind regelmäßig. Die erste Person Singular trägt einen Akzent, damit man sie vom Reflexivpronomen *se* unterscheiden kann: *Se levanta/n tarde.*

8 *antes de / después de* + Infinitiv | *antes de / después de* + infinitivo

Antes de <u>dormir</u> siempre veo un poco de tele.
Después de <u>hacer</u> los deberes siempre juega al fútbol.

Wenn im Spanischen auf *antes de / después de* ein Verb folgt, so steht dieses immer im <u>Infinitiv</u>.

9 Die reflexiven Verben | Los verbos reflexivos

		levantar**se**
Singular	1.	**me** levanto
	2.	**te** levantas
	3.	**se** levanta
Plural	1.	**nos** levantamos
	2.	**os** levantáis
	3.	**se** levantan

Reflexive Verben sind Verben, die sich aus einem Reflexivpronomen (*me*, *te*, *se*, os, *nos*, *os*, *se*) und einem Infinitiv zusammensetzen.

duchar**se**
sich *duschen*
Me ducho.
Ich dusche mich.
Me quiero duchar.
Ich will mich duschen.
¡Levántat**e**!
¡Levantados! = ¡Levanta**os**!

Anders als im Deutschen steht das Reflexivpronomen im Spanischen vor dem konjugierten Verb. Beim Imperativ gelten für die Reflexivpronomen die gleichen Regeln wie für indirekte und direkte Objektpronomen: Sie werden direkt an die Verbform angehängt. Im Plural entfällt das *d*. Ebenso bleibt die Betonung erhalten und wird ggf. mit einem Akzent auf der drittletzten Silbe markiert
▶ La acentuación, p. 128

Mario **se** levanta tarde.
Mario steht spät auf.
Mario queda con Ana.
Mario verabredet ***sich*** *mit Ana.*

¡OJO! Es gibt Verben, die im Spanischen reflexiv sind, im Deutschen aber nicht (und umgekehrt).

10 Gruppenverben *e → i* | Grupos de verbos *e → i*

		dec-ir
Singular	1.	**digo**
	2.	dic-es
	3.	dic-e
Plural	1.	dec-imos
	2.	dec-ís
	3.	dic-en

ebenso:
seguir ▶ Unidad 5
repetir ▶ Unidad 5
pedir ▶ Unidad 7

Das Verb *decir* gehört zu einer Verbgruppe, die ihren Stammvokal in der 1.–3. Person Singular und in der 3. Person Plural von *e* zu *i* (*e → i*) ändert. *Decir* hat außerdem eine unregelmäßige 1. Person Singular (*digo*).

LERNTIPP Das Verb *decir* kannst du dir so merken: *decir, digo, e → i*

11 Die indirekte Rede und Frage im Präsens | El estilo indirecto en el presente

direkte Rede	indirekte Rede
Victoria: «Tengo un profesor de Inglés muy estricto.»	Victoria **dice que** tiene un profesor de Inglés muy estricto.
Victoria: «Mis amigos son muy divertidos.»	Victoria **dice que** sus amigos son muy divertidos.

Wenn du wiedergeben möchtest, was jemand gesagt hat, dann verwendest du die indirekte Rede bzw. die indirekte Frage. Das Verb muss dabei manchmal angepasst werden (hier: *tengo* → *tiene*; unten: *queréis* → *queremos*).

¡OJO! Achte darauf, dass in der indirekten Rede eine andere Form des Pronomen verwendet werden muss (hier: *mis* → *sus*).

direkte Frage	indirekte Frage
Victoria: «¿Queréis estudiar juntos?»	Victoria **quiere saber si** queremos estudiar juntos.
Tarek: «¿Dónde quedamos mañana?»	Tarek **pregunta dónde** quedamos mañana.

In der indirekten Frage behalten die Fragepronomen ihren Akzent. Entscheidungsfragen (Antwort: ja/nein) werden in der indirekten Frage mit *si* (= ob) eingeleitet.

¡OJO! *Si* (= ob) trägt keinen Akzent, damit man es vom *sí* (= ja) unterscheiden kann.

12 Konjunktionen | Conjunciones

- *obwohl:* Victoria saca muy buenas notas **aunque** no es muy «empollona.»
- *trotzdem:* La clase de Francés es un poco aburrida. **Sin embargo**, es su asignatura favorita.
- *(Immer) wenn:* **Cuando** llueve Cintia no tiene clases porque el autobús no va.
- *während:* Se pone su uniforme escolar **mientras** su madre prepara el desayuno.
- *weil:* A veces Cintia pierde el autobús **porque** sus hermanos no se apuran.
- *aber:* La vida de Cintia no es (siempre) fácil, **pero** no se queja.

¡OJO! Die Konjunktion *cuando* schreibt man ohne Akzent, das Fragepronomen *¿cuándo?* hingegen mit Akzent.

LERNTIPP
porque (ein Wort, zusammen) = weil
¿Por qué? (zwei Wörter, mit Akzent) = Warum?

Ejercicios

La hora

1 ¿Qué hora es? Escribe la hora en español

1 09:20	2 13:00	3 18:27	4 06:43
5 22:45	6 16:15	7 13:30	8 11:45

1. Son las nueve y veinte.
2. ____________________
3. ____________________
4. ____________________
5. ____________________
6. ____________________
7. ____________________
8. ____________________

4

El determinante *todo/-a*

2 Completa el texto con las formas correctas de todo/-a.

Manuel necesita más dinero. Por eso trabaja ____________ los sábados en una tienda del Centro Comercial. Pero Doña[1] Lupe, su jefa, es muy estricta.

Doña Lupe: ¡A ver Manuel! ¡Tienes que trabajar más! Pon ____________ los jerseys y ____________ las camisas de manga corta en esta mesa[2]. Trae ____________ la ropa nueva, ____________ los zapatos y ____________ las ofertas de ____________ la semana aquí y lleva ____________ los cinturones y ____________ los vaqueros al almacén[3]. A las nueve en punto viene ____________ la gente y entonces… ¡Empezamos a trabajar ____________ el día!

1 **doña** förmliche Anrede für Frau   2 **la mesa** der Tisch   3 **el almacén** das Lager

El imperativo afirmativo

3 **Encuentra el imperativo en singular de los verbos en la sopa de letras y apúntalos.**

decir: ____________ dar: ____________

hacer: ____________ jugar: ____________

ir: ____________ pensar: ____________

salir: ____________ probar: ____________

tener: ____________ ser: ____________

venir: ____________ escribir: ____________

poner: ____________

j	u	d	i	c	i	s	p
e	u	p	i	e	n	s	a
s	v	e	n	é	s	e	p
c	s	í	g	d	a	s	r
r	h	a	z	a	l	c	u
i	t	v	í	d	p	r	e
b	i	e	s	é	o	i	b
e	n	l	n	u	n	s	a

4 **¡Tú! ¡Y vosotros también! Completa las frases con el imperativo singular y luego ponlas en plural como en el ejemplo.**

1. ¡Habla ____________ (*hablar*) con tus padres!
   ¡Hablad con vuestros padres! ____________
2. ¡____________ (*salir*) con tus amigos los fines de semana!
   ____
3. ¡____________ (*hacer*) siempre los deberes!
   ____
4. ¡____________ (*dormir*) bastante antes de un examen!
   ____
5. ¡____________ (*poner*) atención en clase!
   ____
6. ¡____________ (*pensar*) en tus compañeros!
   ____

El imperativo con pronombre

5 **Formula frases como en el ejemplo.**

Ejemplo: *preparar* / un café / (a tu madre) → ¡Prepárale un café! ____________

1. *dar* / la dirección del museo / (a tus profesores)
   ____

2. *traer* / el programa de informática / (a mí)

3. *comprar* / una entrada para el concierto / (a ti)

4. *poner* / atención en clase / (a tu profesora)

5. *decir* / la verdad[1] / (a tus padres)

6. *explicar* / los deberes / (a tus compañeros)

7. *hacer* / un favor[2] / (a mí)

4

1 **la verdad** die Wahrheit 2 **hacer un favor a alg.** jdm einen Gefallen tun

El futuro inmediato

6 Pedro y Luisa charlan en el recreo. Completa el diálogo con el futuro inmediato.

–Oye Pedro, ¿vamos al cine mañana a las ocho?

–No, no puedo. Mañana a las ocho ________________ a un concierto de rap con Miguel. Pero a las cinco y media puedo ¿Puedes tú?

–No, a las cinco y media no puedo. El miércoles tengo examen de Química y ________________ con Sara en la biblioteca. ¿Y qué tal el jueves?

–El jueves… Después del instituto, Carmen y yo ________________ tenis, pero a las ocho tengo tiempo.

–¡Uf! ¡Qué difícil! El jueves ________________ mis tíos de Alicante de visita. Por la noche ellos, mis padres y yo ________________ en un restaurante. Pero el viernes tengo toda la tarde libre.

–Yo no. El viernes por la tarde Miguel ________________ guitarra en el centro cultural y yo quiero ir. ¿Por qué no vamos juntos?

–¡Genial! ¡Me gusta la idea! El viernes ________________ música al centro cultural y después ________________ una película al cine.

7 Escucha el diálogo entre los chicos y completa el texto con sus planes y el futuro inmediato.

5

Los chicos quieren hacer algo el fin de semana. ¿Pero qué? Los chicos no ______________________________ ______________________________, porque a Nico no le gusta nada. Tampoco ______________________________ ______________________ en el cine, porque Julia no tiene dinero. A Julia tampoco le gusta el baloncesto[1], así que no ______________________________ y no ______________ ______________________ al baloncesto. ¿Qué ______________________ entonces?

1 el baloncesto der Basketball

Los verbos *ir* y *venir*

8 Completa las formas de los verbos ir y venir. Luego apunta las formas que faltan.

________ís	________y	________nen	________a	________go
________as	________es	________is	________an	________imos

ir: ______________________________ venir: ______________________________

9 Completa el blog de Rodrigo con las formas correctas de ir y venir.

www.blogespana.es

Me llamo Rodrigo y vivo en Sevilla. Muchos de mis compañeros en el instituto no son de Sevilla, porque ellos ______________________ de otros países o de otras ciudades en España, pero yo sí. ¡Yo ______________________ de Sevilla! Por eso soy «sevillano». ☺

Mi novia, Arantxa, ______________________ de Vitoria, en el País Vasco. En las vacaciones, Arantxa ______________________ a Vitoria a visitar a sus abuelos. A veces, yo también ______________________ con ella. ______________________ en tren[1] y es muy divertido.

Mis primos Rosario y Manolo también son de Sevilla, pero viven en Barcelona. Normalmente ellos ______________________ a Sevilla o yo ______________________ a Barcelona para estar con ellos. ¿Y vosotros? ¿Cuándo ______________________ a visitarme aquí a Sevilla?

Fotolia / cge2010

1 el tren der Zug

El verbo *saber*

10 Completa los diálogos con las formas correctas de saber o poder.

1

–¿_______________ hablar alemán?

–Sí, sí _______________.

–¿Y _______________ hablar con Laurence?

–No, porque ella es francesa y no _______________ alemán.

2
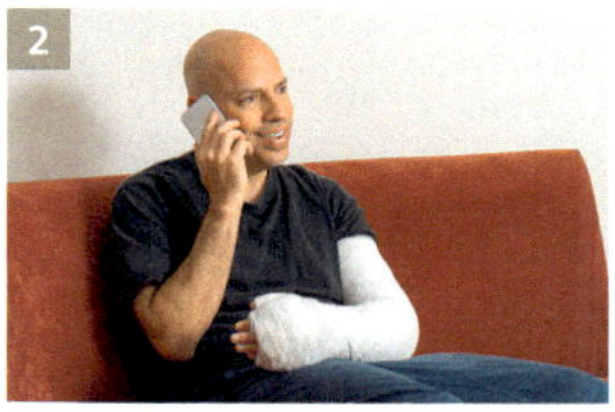

–¿_______________ escribir, no?

–Pues claro que sí.

–Entonces _______________ escribir un mensaje en el móvil.

–No, mira, ahora no _______________.

3

–Oye, Nuria ¿_______________ que Jairo tiene un secreto?

–Sí, sí _______________.

–¿Y _______________ cuál es? ¿_______________ decirme qué es?

–No, no _______________, porque es un secreto.

4

Los verbos reflexivos

11 Completa el texto con los verbos reflexivos del casillero.

levantarse (x 3) *acostarse* *llamarse* (x 3) *ducharse*
ponerse *apurarse* *quedarse* *quejarse*

La familia Quesada Castillo vive en Cartago, Costa Rica. La madre _______________ Paula, el padre _______________ José y los hijos _______________ Gabriel, Diego y Clara. La vida de la familia es muy tranquila, pero a veces es un caos también. José, el padre, siempre _______________ temprano. Después _______________ Gabriel, Diego y Clara, pero Paula, su madre, siempre _______________ más tiempo en la cama. Normalmente Clara va al baño y _______________ antes de desayunar. Pero a veces sus hermanos están mucho tiempo en el baño y entonces ella _______________, porque eso no le gusta nada. Como Paula _______________ tarde, nunca tiene tiempo. Entonces _______________ la ropa, desayuna y _______________ mucho. Por las noches toda la familia está en casa. Comen juntos, charlan, preparan los deberes del instituto, miran una película y al final _______________ muy tarde.

El estilo indirecto en el presente

12 **¿Qué dicen…? Lee las afirmaciones de los jóvenes en la revista.**
Elige cuatro y cuéntale a un/a amigo/-a en estilo indirecto qué dicen.

1 **necesitar** brauchen, benötigen

1. ______________________________

____

____

2. ______________________________

____

____

3. ______________________________

____

____

4. ______________________________

____

____

13 **Formula las frases y preguntas en estilo directo o en estilo indirecto, según corresponde.**

1. Ellos dicen que tienen tres primos en Madrid y nos preguntan si a nosotros nos gusta la ciudad.

   ____

   ____

2. Julia a Patricia: «¿Cuánto cuestan las entradas al concierto? Y ¿tienes dinero?»

   ____

   ____

3. Alberto: «Yo realmente no puedo ir al cine. Tengo que estudiar para mi examen y no tengo tiempo.»

   ____

   ____

4. Tarek dice que el sábado viene una amiga a comer a su casa y que él sabe cocinar muy bien.

   ____

   ____

Conjunciones y preposiciones

14 **Completa el texto con las conjunciones o preposiciones. Algunas tienes que usarlas más de una vez.**

aunque | sin embargo | cuando | mientras | porque | pero | antes de | después de

Roberto no saca buenas notas en Lengua y Literatura ______________ estudia mucho. El profesor es muy simpático y a él le gusta mucho la asignatura. ______________ hacer un examen, el chico lee los deberes y escribe textos. ______________ es muy difícil. Por suerte Juan Carlos sí saca buenas notas en esta asignatura, ______________ realmente no estudia mucho. ______________ Roberto tiene tiempo, queda con Juan Carlos para estudiar juntos, ______________ el chico también tiene otro problema: el dinero. Roberto no tiene mucho tiempo para estudiar, ______________ tiene que trabajar los fines de semana. Además, Roberto prefiere estudiar en casa de Juan Carlos, ______________ él tiene dos hermanos pequeños y ellos hacen mucho ruido. ______________ Roberto está con Juan Carlos pone mucha atención ______________ su amigo le explica los textos y los temas de Literatura. ______________ estudiar, los chicos charlan y escuchan música juntos. Los chicos trabajan mucho, ______________ también se divierten.

Vocabulario

1 ¿Qué contestas? Marca con una cruz la expresión correcta. | Was antwortest du? Kreuze die richtige Redewendung an.

1. Un amigo tiene un problema. ¿Qué le dices?
   ☐ ¡Perdón! ☐ ¡Qué pena! ☐ ¡Qué pasada!
2. Tu padre te compra una camiseta nueva que te gusta mucho. ¿Qué le dices?
   ☐ ¡Qué palo! ☐ ¡Qué chula! ☐ ¿En serio?
3. Tu profesor te dice «gracias». ¿Qué contestas?
   ☐ ¡De nada! ☐ ¡Perdón! ☐ ¡Venga!
4. Tu novio tiene un sobresaliente en matemáticas. ¿Qué le dices?
   ☐ ¡Buena idea! ☐ ¿Verdad? ☐ ¡Qué pasada!
5. Tu prima tiene que estudiar mucho el fin de semana. ¿Qué le dices?
   ☐ ¡Qué palo! ☐ ¡Mola mogollón! ☐ ¡Qué va!

2 Relaciona los verbos con las frases y completa así las expresiones. | Verbinde die Verben mit den Sätzen und vervollständige so die Redewendungen.

tomar 1	a ganas de ir al cine
ir 2	b cola en el estadio
estar 3	c el pelo a un amigo
hacer 4	d de oferta en el centro comercial
poner 5	e bien con la camisa nueva
tener 6	f atención al profesor

3 Completa las frases con la preposición correcta, si es necesario. | Vervollständige die Sätze mit der richtigen Präposition, wenn nötig.

1. Julio y sus amigos juegan ______________ las cartas[1] en la cafetería.
2. Los chicos pasean ______________ el centro de la ciudad.
3. Jacinta pasa ______________ casa de Lorena para charlar ______________ ella.
4. Mis tíos vienen de visita ______________ nuestra casa.
5. Las chicas tocan ______________ la guitarra en el concierto.
6. La señora Paquita se queja ______________ la gente en las calles.
7. Vosotros quedáis ______________ vuestros compañeros ______________ el teatro.
8. Eduardo busca ______________ Matilda, porque Matilda tiene ______________ sus libros.
9. Mario ayuda ______________ Andrés.

1 la carta *hier* die Spielkarte

10. Los estudiantes visitan ______________ la exposición.

11. Laura piensa todo el día ______________ su novio.

12. Nosotros vamos ______________ la Plaza Mayor.

Gramática

4 **Completa los textos con la forma correcta de ir o venir.** | Vervollständige die Texte mit der richtigen Form von ir oder venir

1. –¿Cuándo ______________ a visitarme a casa? Yo siempre ______________ a tu casa…

   –Quizás ______________ la próxima semana. Esta semana ______________ Pedro a mi casa.

   –¿Y tus amigas? ¿Ellas también ______________ a tu casa?

   –Sí, ______________ todas juntas.

   –¡Qué guay! ¿Y la próxima semana? ¿______________ todas juntas también a visitarme a mí?

   –No, mis amigas no ______________. ______________ yo sola.

2. Soy Jacinta y ______________ de La Paz, en Bolivia, aunque mi familia no es de La Paz. Mi familia y yo ______________ de una ciudad pequeña que se llama Iscayachi. En vacaciones mis hermanos siempre ______________ allá para visitar a la familia, pero yo no ______________, porque Mar, mi prima, siempre ______________ a visitarme a mí.

5 **Andrés y Gustavo van de compras. Completa los diálogos con el pronombre de complemento indirecto que corresponde y una forma de gustar, encantar o parecer.** | Vervollständige den Dialog mit den passenden indirekten Objektpronomen und einer Form von gustar, encantar oder parecer.

–Oye, mira, ¿______________ esta camisa? ¡A mí ______________!

–No, no ______________ nada. En verdad ______________ muy fea. Y a ti, ¿qué ______________ estos vaqueros?

–¡Oh, qué chulos! ¡______________! ¿______________ a ti?

–Sí, ______________ bastante, pero no ______________ fenomenales.

–Bueno… ¿y a ti qué ropa de aquí ______________? ¿______________ estos zapatos? A mí ______________ muy bonitos. Van bien con los vaqueros. ¿No ______________ geniales las dos cosas juntas?

–Sí, ¡es verdad! ¡Son geniales! ¡Los zapatos con los vaqueros ______________!

6 **¿Qué tipo de pronombres son? Apúntalos en la casilla correcta.** | Um welche Art von Pronomen handelt es sich? Trage sie in den richtigen Kasten ein.

me se lo les nos las los os te le la

nur direktes Objektpronomen	nur indirektes Objektpronomen	Reflexivpronomen	dasselbe Pronomen für alle
______	______	______	______
______	______	______	______
______	______	______	______

6

7 **¿De qué hablan? Escucha las frases, pon atención a los pronombres y ordena los dibujos.** | Worüber sprechen sie? Höre die Sätze, achte auf die Pronomen und ordne die Bilder in der richtigen Reihenfolge.

☐ 
☐ 
☐ 
☐ 
☐ 

8 **Completa el texto con una forma de los verbos reflexivos.** | Vervollständige den Text mit einer Form der reflexiven Verben.

acostarse *apurarse* *quedarse* *levantarse* *ponerse*
llamarse *ducharse* *quejarse*

Ella ______________ Aurora, es azafata[1] y trabaja en el aeropuerto[2]. Aurora ______________ siempre muy temprano, a las cinco y cuarto de la mañana. Primero desayuna y después ______________. Siempre tiene muy poco tiempo y tiene que tomar el autobús de las seis y media. Por eso ______________ su uniforme[3] muy rápido y ______________ mucho todas las mañanas. A las siete tiene que estar en el aeropuerto. Tampoco tiene mucho tiempo para comer, porque los pasajeros siempre ______________ de muchas cosas. Aurora ______________ en su trabajo hasta las siete de la tarde y por la noche, a veces, toma algo con sus amigos en un restaurante. Al final ______________ y lee un libro hasta las nueve y cuarto.

1 **la azafata** die Flugbegleiterin 2 **el aeropuerto** der Flughafen 3 **el uniforme** der (Arbeits-)Uniform

9 **Subraya la conjunción correcta.** | Unterstreiche die passende Konjunktion.

1. Martín saca malas notas en Química **aunque** / **sin embargo** / **cuando** estudia mucho.
2. **Cuando** / **Aunque** / **Mientras** llueve, Martín va al instituto en autobús.
3. Martín charla con Leticia **mientras** / **porque** / **pero** el profesor explica el ejercicio.
4. Leticia está nerviosa **cuando** / **porque** / **aunque** mañana tiene un examen.
5. Martín quiere ayudar a Leticia, **pero** / **porque** / **cuando** hoy no tiene tiempo.

Conocimiento global

10 **Completa el texto con las letras que faltan.** | Vervollständige den Text mit den fehlenden Buchstaben

Im Text stehen einige Wörter nur zur Hälfte. Hat das Wort eine ungerade Buchstabenzahl, fehlt ein Buchstabe mehr als die Hälfte. Das heißt, wenn z. B. drei Buchstaben vor einer Lücke stehen, musst du noch drei Buchstaben ergänzen oder maximal vier. Aber niemals weniger oder mehr als das!

Eduardo Vélez: ¿el fútbol o el instituto?

Eduardo Vélez sa_____ malas no_____ en el instituto. Ti_____ un insufi_____ en Química y en Biol_____. Las Matemáticas le par_____ difíciles y norma_____ no tiene ga_____ de estu_____. Él dice q_____ pone mucha aten_____ en clases, pero por las tardes no tiene mu_____ tiempo para hacer to_____ los deberes. Sin embargo, las bue_____ notas no l_____ parecen muy impor_____. «Mi vi_____ es jugar a_____ fútbol», dice, «y en ot_____ deportes soy también bast_____ bueno». Y es ver_____, en los deportes sie_____ saca buenas notas y en el fútbol es muy bu_____. Prac_____ todos los dí_____ y di_____ que qui_____ ser futbolista profesional. Su con_____: «¡H_____ siempre las co_____ que t_____ gus_____!». ¿Qué pie_____ tú?

1 Der reale Bedingungssatz der Gegenwart | La frase condicional en presente

Si te interesa el arte, tienes que ir al Museo Reina Sofía.
Si tengo tiempo mañana, voy a ir al Parque del Buen Retiro.

Mit *si* kannst du eine Bedingung formulieren oder einen Tipp geben.

¡OJO! *Si* (= falls) trägt keinen Akzent, damit man es von dem *sí* (= ja) unterscheiden kann.

2 Der Komparativ des Adjektivs | El comparativo del adjetivo

El piso es	**más** **menos**	grande ruidoso caro	**que**	tu piso.
	tan		**como**	

Mit dem Komparativ werden Gegenstände oder Personen verglichen. Bei Ungleichheit (mehr/weniger ... als) verwendet man *más/menos* + Adjektiv + *que* und bei Gleichheit (genau so ... wie) *tan* + Adjektiv + *como*.

Manuel es más **alto** que Alejandro.
Las casas son más **bonitas** que los pisos.

Das **Adjektiv** wird immer in Numerus (Sg./Pl.) und Genus (m./f.) an das Bezugswort angeglichen.

Esta habitación **no es tan luminosa como** la otra.

Statt *menos + Adjektiv + que* verwendet man oft *no + Verb + tan + Adjektiv + como*.

Este piso es **mejor/peor** que el otro.

bueno/-a → mejor — malo/-a → peor
good → better — bad → worse
bon → meilleur — mauvais → pire

¡OJO! *Bueno/-a* und *malo/-a* haben unregelmäßige Komparativformen.
Mejor und *peor* stehen nie mit *más* oder *menos*, da *más* und *menos* in *mejor* und *peor* quasi schon „enthalten" sind.

3 Ortspräpositionen | Preposiciones de lugar

Delante *(vor)* **Detrás** *(hinter)* **Al lado** *(neben)* **En frente** *(gegenüber von)* **Cerca** *(in der Nähe)* **A la izquierda** *(links von)* **A la derecha** *(rechts von)*	**de**	la casa hay un cine.
Debajo *(unter)* **Encima** *(über/auf)*		la cama hay una gorra.

Ana está **en** su habitación. *(in)*
El vaso está **en** la mesa. *(auf)*
La silla está **entre** la estantería y la cama. *(zwischen)*

¡OJO! Außer *en* und *entre* enden alle diese Präpositionen mit ... *de*. Denke daher an die Kontraktion des Artikels: **de + el = del**

4 Das direkte Objektpronomen | El pronombre de complemento directo

–¿Conoces **a Lucía**?
–Sí, conozco **a Lucía**. / Sí, **la** conozco.

Um ein Objekt nicht ständig zu wiederholen, kannst du es durch ein Pronomen ersetzen.

Soledad	me	conoce.	
	te		
	lo		(= a Manuel)
	la	ayuda.	(= a Lucía)
	nos		
	os	escucha.	
	los		(= a Lucía y a Manuel)
	las		(= a Lucía y a Marta)

Die direkten Objektpronomen unterscheiden sich nur in der 3. Person Singular (*lo* und *la*) und Plural (*los* und *las*) von den indirekten Objektpronomen (*le* und *les* ▶ S. 32/3). *Lo* und *los* stehen für maskuline direkte Objekte und *la* und *las* für feminine direkte Objekte.
Bei gemischten Gruppen wird immer die maskuline Form *los* verwendet. ▶ S. 8/6

La ayudo. = direktes Objektpronomen
*Ich helfe **ihr**.* = indirektes Objektpronomen

¡OJO! Einige wenige Verben stehen im Deutschen mit einem indirekten, im Spanischen jedoch mit einem direkten Objekt und umgekehrt. ▶ S. 32/3

escuchar a alguien	*jdm zuhören*	▶ Unidad 3
ayudar a alguien	*jdm helfen*	▶ Unidad 4
seguir a alguien	*jdm folgen*	▶ Unidad 5
disculpar a alguien	*jdm verzeihen*	▶ Unidad 5

LERNTIPP Lerne solche Verben mit dem Pronomen zusammen: *escuchar**lo** (a alguien), ayudar**lo** (a alguien), …*

EL MUNDO DEL ESPAÑOL In Lateinamerika, auf den kanarischen Inseln und in Teilen Andalusiens verwendet man anstelle von *vosotros/-as* das Subjektpronomen *ustedes* (3. Person Plural). Entsprechend werden für die 2. Person Plural (*os*) die (direkten und indirekten) Objektpronomen und Reflexivpronomen der 3. Person Plural verwendet (*les – los/las – se*).

Spanien	Lateinamerika, kanarische Inseln, Teile von Andalusien
Chicos, Blanca **os** escribe una carta.	Chicos, Blanca **les** escribe una carta.
Chicos, ¿**os** ayudo con la tarea?	Chicos, ¿**los** ayudo con la tarea?
Lucía, Marta, ¿**os** levantáis temprano?	Lucía, Marta, ¿(ustedes) **se** levant**an** temprano?

5 Die Stellung der Pronomen im Satz | La posición de los pronombres en la frase

Le escribe un e-mail. = indirektes Objektpronomen
¿**La** ayudas, por favor? = direktes Objektpronomen
Se ducha siempre por la mañana. = Reflexivpronomen

Die (indirekten und direkten) **Objektpronomen** und **Reflexivpronomen** stehen immer vor dem konjugierten Verb.

Modalverb	
¿**La** quieres ver?	= ¿Quieres ver**la**?
¿**La** puedes llamar hoy?	= ¿Puedes llamar**la** hoy?
¿**La** tienes que hacer hoy?	= ¿Tienes que hacer**la** hoy?
Futur (*ir a* + Infinitiv)	
La fiesta **les** va a gustar.	= La fiesta va a gustar**les**.
estar + gerundio	
Le estoy escribiendo.	= Estoy escribiéndo**le**.
Lo está ayudando.	= Está ayudándo**lo**.
Se está duchando.	= Está duchándo**se**.

In einem Satz mit einem Modalverb (*poder*, *querer*, *tener que*) oder dem Futur mit *ir a* + Infinitiv können die Pronomen an den Infinitiv bzw. bei *estar* + *gerundio* an das *gerundio* angehängt werden.

¡OJO! Wird das Pronomen an das *gerundio* angehängt, so bekommt die drittletzte Silbe immer einen Akzent, damit die Betonung des Wortes erhalten bleibt. ► La acentuación, p. 128

Imperativ	
–	Tómala.

Beim bejahten Imperativ müssen die Pronomen immer angehängt werden und können nicht vor dem Imperativ stehen (vgl. ► S. 45/4).

6 Der Superlativ des Adjektivs | El superlativo del adjetivo

El Templo de Debod es el lugar **más** romántico de Madrid.
Estas habitaciones son las habitaciones **menos** ruidosas del piso.
Estos son **mis** vaqueros **más** bonitos.

Der Superlativ drückt aus, dass etwas (aufgrund einer bestimmten Eigenschaft) besonders hervorsticht, weil es z. B. am größten, schönsten etc. ist. Das Adjektiv wird in Numerus (Sg./Pl.) und Genus (m./f.) immer an das Bezugswort angeglichen. Der Superlativ setzt sich aus einem bestimmten Artikel (*el*, *la*, *los*, *las*) oder Possessivbegleiter (*mi*, *tu*, *su*, ...) und *más* + Adjektiv.

la **mejor/peor** película
los **mejores/peores** grupos de flamenco

bueno/-a → mejor	malo/-a → peor
good → the best	bad → the worst
bon/ne → le meilleur, la meilleure	mauvais/e → le/la pire

¡OJO! Die Superlative von *bueno/-a* und *malo/-a* haben ebenso wie im Komparativ (► S. 60/2) eigene unregelmäßige Formen.

7 Der absolute Superlativ | El superlativo absoluto

Este libro es buen**ísimo**.	... *hervorragend*
La entrada es car**ísima**.	... *sündhaft teuer*
Los helados son riqu**ísimos**	... *extrem lecker*
caro/-a →	car**ísimo**/-a
interesante →	interesant**ísimo**/-a
difícil →	dificil**ísimo**/-a

Der absolute Superlativ verstärkt die Bedeutung eines Adjektivs. Im Deutschen werden die Formen auf *-ísimo/-a* mit sehr, extrem, unglaublich usw. oder mit anderen Adjektiven wiedergegeben. Die Endung *-ísimo* wird an den letzten Konsonanten des Adjektivs gehängt und in Numerus (Sg./Pl.) und Genus (m./f.) an das Bezugswort angeglichen: *-ísimo*, *-ísima*, *-ísimos*, *-ísimas*.

c → qu
simpático/-a: → **simpatiquísimo**/-a
rico/-a: → **riquísimo**/-a

g → gu
vago/-a: → **vaguísimo**/-a

z → c
feliz: → **felicísimo**/-a

Damit die Aussprache erhalten bleibt, wird das *c* in ein *qu* und das *g* in ein *gu* umgewandelt (hier z. B.: *rico/-a* und *vago/-a*). Da *z* nie vor den Vokalen *e* und *i* steht, ändert es sich zu *c* (hier: *feliz*).

¡OJO! Bei Adjektiven mit einem Akzent wie z. B *difícil* oder *simpático/-a* verschiebt sich dieser beim absoluten Superlativ auf das *i* der Endung *-ísimo/-a*.

8 Der Begleiter *tanto/-a* | El determinante *tanto/-a*

	♂	♀
Singular	tanto trabajo	tanta gente
Plural	tantos productos	tantas tiendas

¡OJO! Das Wort *tanto/-a* wird wie ein Adjektiv immer an das Bezugswort in Numerus (Sg./Pl.) und Genus (m./f.) angeglichen.

Tengo **tanto** trabajo que no puedo ir a la fiesta.
*Ich habe **so viel** Arbeit, dass ich ...*
En esta calle no hay **tantas** tiendas.
*... gibt es nicht **so viele** Geschäfte.*

Das Wort *tanto/-a* bedeutet übersetzt „so viel/e".

9 Die Ordnungszahlen | Los números ordinales

	♂		♀	
Singular	el primero	1º	la primera	1ª
	el segundo	2º	la segunda	2ª
	el tercero	3º	la tercera	3ª
	el cuarto	4º	la cuarta	4ª
	el quinto	5º	la quinta	5ª
	el sexto	6º	la sexta	6ª
	el séptimo	7º	la séptima	7ª
	el octavo	8º	la octava	8ª
	el noveno	9º	la novena	9ª
	el décimo	10º	la décima	10ª
Plural	los primeros		las primeras	
	...		...	

Wenn eine Ordnungszahl als Ziffer steht, folgt bei der maskulinen Form ein hochgestelltes º, bei der femininen Form ein hochgestelltes ª.
Wenn Ordnungszahlen vor Substantiven stehen (z. B. *el segundo piso / la segunda casa / las primeras horas*), werden sie wie Adjektive an diese angeglichen.
► S. 16/2

	♂	♀
Singular	el **primer** piso (1er)	la primera calle
	el segundo piso	la segunda calle
	el **tercer** piso (3er)	la tercera calle

¡OJO! Vor maskulinen Substantiven im Singular werden *primero* und *tercero* zu ***primer*** und ***tercer*** verkürzt.

Ejercicios

La frase condicional en presente

1 **Usa la frase condicional en presente y el imperativo para dar consejos.**

~~ir a la biblioteca~~ *comer* en los bares de Malasaña *visitar* el Museo Reina Sofía en Madrid *practicar* con Kai, el chico de Bremen *trabajar* en un bar los fines de semana *buscar* ofertas en el centro comercial *pasar* un día tranquilo en un parque *dormir* más antes de ir al instituto

1. Tengo que estudiar para los exámenes. ¿Qué puedo hacer?

   Si tienes que estudiar para los exámenes, ve a la biblioteca.

2. Luisa y Carmen no tienen mucho dinero. ¿Qué pueden hacer?

3. Nosotras queremos comprar ropa barata. ¿Qué podemos hacer?

4. A Lorenzo le interesa el arte español. ¿Qué puede hacer?

5. Estamos en Madrid y queremos probar las tapas españolas. ¿Qué podemos hacer?

6. Patricia necesita descansar. ¿Qué puede hacer?

7. Carlos y Pedro siempre sacan malas notas en alemán. ¿Qué pueden hacer?

8. Estoy muy cansado por las mañanas. ¿Qué puedo hacer?

El comparativo del adjetivo

2 Mira las ofertas en el catálogo y completa las frases con el comparativo.

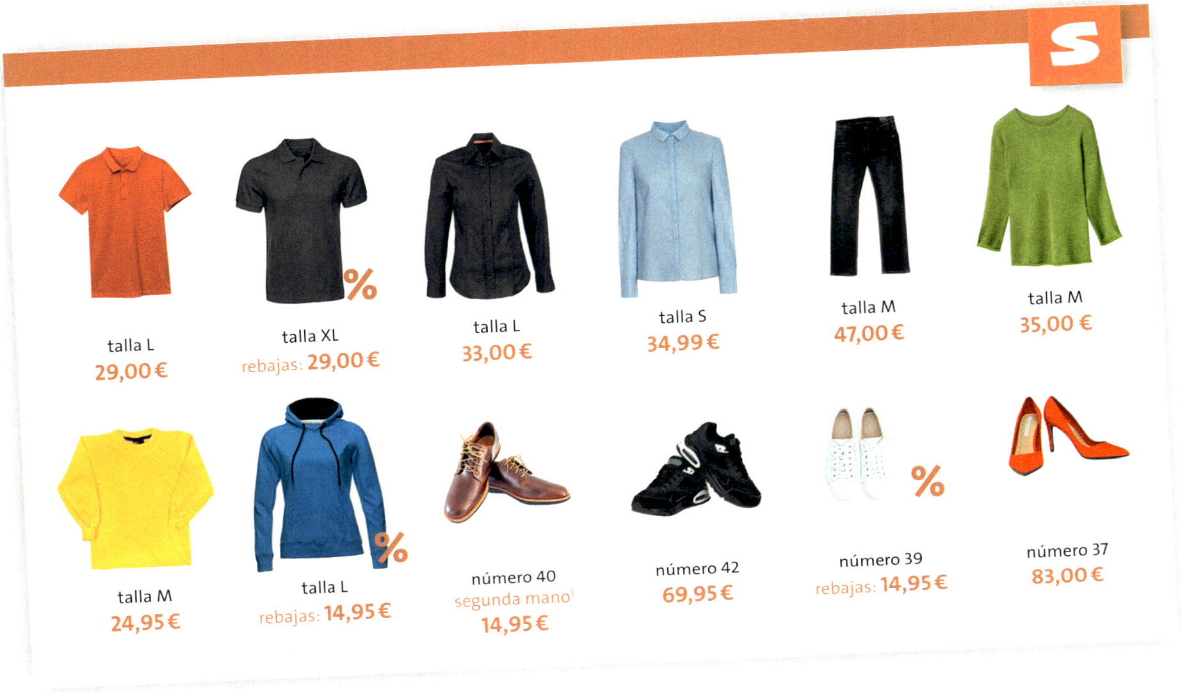

1 segunda mano gebraucht

1. La camiseta negra de manga corta es ______________________ la camisa negra de manga larga, pero también es ______________________. ¡Está de rebajas!
2. Los zapatos blancos son ______________________ los zapatos rojos, pero también son ______________________. Mi número es 38 ¡Qué pena!
3. El jersey amarillo es ______________________ el jersey verde y también es ______________________. Solo cuesta 24,95 €. El problema es que el jersey amarillo es ______________________ el jersey verde. ¡No me gusta nada!
4. Los zapatos marrones son ______________________ los zapatos negros, pero también son ______________________, porque son de «segunda mano».
5. La camisa negra de manga larga es ______________________ la camiseta roja, pero es ______________________.
6. La camiseta negra de manga corta es ______________________ el jersey azul. El jersey azul también es ______________________ esa camiseta. Los dos están de rebajas.

3 Escucha la información y corrige las frases.

1. Marga es más baja que Paula.

   ____

2. Jota es tan famoso como Manolo.

   ____

3. Las manzanas[1] son más baratas que las naranjas.

   ____

4. El libro amarillo es tan aburrido como el libro rojo.

   ____

5. La casa número 3 es más vieja que la casa número 4.

   ____

1 la manzana der Apfel

Preposiciones de lugar

4 Mira el mapa y completa el texto con las preposiciones de lugar correctas.

Este es mi Barrio. ¡Es un barrio muy guay! ______________ mi casa hay un polideportivo. Allí hago deporte y juego al fútbol con mis amigos. Dos calles después de mi casa, ______________ hay una heladería. ______________ la heladería hay una panadería y ______________ la panadería está La Plaza del Sol. Allí quedo con mis amigos, comemos helados y charlamos. Tres calles después de mi casa ______________ está mi instituto. Es el Instituto Central. Está ______________ un parque. ______________ el instituto está la biblioteca y ______________ ella hay una cafetería. ¡Es muy chula! Desde allí tienes la mejor vista de nuestro barrio. En el parque hay un pequeño puente[1]. Se llama el Puente Viejo. ______________ el puente pasa un río, es el Río Rojo y por eso mi barrio se llama «Río Rojo».

1 el puente die Brücke

El pronombre de complemento directo

5 **Completa el diálogo con los pronombres de complemento directo correctos.**

–¿Oye Pedro? ¿Conoces a Daniela?

–¿Daniela? ¿La prima de Rogelio? ¡Claro que ________ conozco!

–¿Sabes dónde está? ________ estoy buscando, pero no ________ encuentro.

–Ella y Rogelio están ahí, mira. ¿No ________ ves? Ahí, están hablando con Lucas.

–¿Lucas? ¿Qué Lucas? No ________ conozco.

–Lucas es ese chico rubio y está hablando con ellos ahí en esa mesa. ¿________ ves?

–Sí, vale. Ahora sí ________ veo a los tres. ¡Gracias!

6 **Reemplaza en las frases el complemento subrayado con el pronombre de complemento directo correcto.**

1. Aunque las entradas son muy caras, Pedro compra las entradas.

   Aunque las entradas son muy caras, Pedro las compra.
2. Julio busca a sus primos y encuentra a sus primos en el parque.

   ____
3. Aunque Berta no es amiga de Francisco, Berta ayuda a Francisco.

   ____
4. Estos helados son muy ricos y por eso Yolanda compra los helados.

   ____
5. Pablo compra una película y ve la película con Nuria.

   ____
6. Luisa llega tarde a la cita, pero Esteban disculpa a Luisa.

   ____
7. El profesor habla y los alumnos no escuchan al profesor.

   ____
8. Miguel no comprende los ejercicios de Mates y por eso practica los ejercicios en casa.

   ____
9. Sandra busca su mochila por todo el instituto, pero no encuentra su mochila.

   ____

5

La posición de los pronombres en la frase

7 **Cambia la posición de los pronombres dentro de la frase como en el ejemplo. No olvides los acentos.**

1. María está poniéndose el vestido. María se está poniendo el vestido.
2. ¿Te puedo contar un secreto? ______
3. ¿Podéis levantaros más temprano? ______
4. Kai nos está explicando los textos. ______
5. La profe siempre se está quejando. ______
6. ¿Os vais a quedar en casa? ______
7. ¡Nos tienes que esperar, por favor! ______

8 **Ordena las palabras y formula las frases.** | Ordne die Wörter und schreibe die Sätze.

1. ayudar / mucho / os / puedo / no / lo / pero / siento
   ______
2. tarde / no / levantamos / nos / les / a mis padres / gusta / mis hermanos y yo / y / nada / siempre
   ______
   ______
3. del / están / todo el día / ruido / se / Toña y Luisa / quejando
   ______
4. los / el mensaje / con ellos / yo / pero / llamas / escribo / tú / a los abuelos / quedas / y
   ______
   ______

El superlativo del adjetivo

9 **Mira las ofertas del catálogo del ejercicio 3 y completa las frases con el superlativo.**

1. El jersey azul es ______ y también es ______. Solo cuesta 14,95 €.
2. Los zapatos rojos son ______. ¿Y esos zapatos marrones? Son ______ de toda la tienda. Ah… son de «segunda mano».
3. La camisa azul es ______, pero también es ______, 34,99 € es mucho dinero. Prefiero la camiseta negra de manga corta, es ______.

10 Elige el adjetivo correcto y completa los diálogos con el superlativo.

grande aburrido/-a estricto/-a guapo/-a bueno/-a malo/-a
fresco/-a bonito/-a barato/-a pequeño/-a

1. –¿Nicanor? ¡No me gusta nada! Me parece ______________________ de la clase.

   –Pues a mí no. ¡A mí me encanta! Además, para mí es ______________________.

   –Chica, tú necesitas gafas nuevas.

2. –Para mí Ursula Schmidt, la profe de alemán, es ______________________ profesora de todo el instituto. Es muy simpática y muy creativa.

   –¿Qué dices? ¡Para nada! Para mí ella es ______________________. Además, es ______________________. Siempre tienes que trabajar mucho en sus clases.

3. –¿Ya conoces el Mercado de San Miguel en Madrid? Es ______________________ de toda la ciudad. Ahí los productos son ______________ y también ______________.

   –Pues a mí no me gusta. Yo prefiero los mercados pequeños. En mi barrio está el «Mercadillo de Madrid». Es ______________________ de toda la ciudad, pero para mí también es ______________________.

5

El superlativo absoluto

11 Completa las frases con el superlativo absoluto.

1. Esos zapatos son ______________ (feos). ¿Por qué no te compras otros?
2. La obra en el Teatro de la Plaza es ______________ (mala). ¡Busca otra!
3. Esta tortilla de patatas está ______________ (rica). ¿Me das la receta?
4. Estos pantalones son ______________ (caros). ¿Quién puede comprarlos?
5. Este programa de informática es ______________ (bueno) y fácil de usar.
6. Nicanor es ______________ (vago). Mejor haz tus deberes con Pedro.
7. Tu compañera, Carmen, es ______________ (simpática). ¿Me la presentas?

12 Completa el texto con los catorce acentos que faltan.

Para mi, mi padre es el mas estricto del mundo. ¡Es estrictisimo! Es muy serio tambien. Por ejemplo, a mi no me gusta tomar leche, pero el quiere que yo la pruebe. Y si le digo que no quiero, me mira serisimo y me dice: «¡tomala!, ¡pruebala!» Pero tambien es alegre y muy inteligente. Me ayuda siempre con Matematicas y me da consejos: «Si los ejercicios son dificiles para ti, entonces practicalos mas en casa.»

El determinante tanto/-a

13 **Completa el texto con la forma correcta de tanto/-a.**

Doña Maruja se queja de Madrid

¡Ay no, no, no! ¡No puedo más con esta ciudad! Hay ________________ ruido que no puedo dormir. Y mira las calles: hay ________________ gente y ________________ tráfico en las calles que no puedes salir de casa. ¿Y esos bares? ¡Hay________________ bares con ________________ tapas que no sabes qué comer! ¿Y por qué la gente no come en casa? Es más barato, digo yo. Pero no…, todos quieren salir. Además, hay ________________ teatros, ________________ visitas guiadas y ________________ programas en los museos que no sabes adónde ir. ¡Y qué decir de los centros culturales! Hay ________________ con ________________ proyectos y ________________ artistas que no sabes cuál visitar. Y para terminar los centros comerciales. ¡Uf! Venden ________________ ropa que no sabes qué comprar. Yo os digo: ¡Madrid no me gusta nada!

Los números ordinales

14 **Teresa le muestra a su padre la foto de su clase. Mira la imagen y completa el diálogo con los números ordinales.**

Teresa: Mira Papá, esta es la foto de mis compañeros de clase. ¿Qué tal estoy?

Padre: ¿Dónde estás que no te veo?

Teresa: Ahí estoy, soy la ______________________ de la ______________________ fila[1]. Con la chaqueta amarilla, ¿no me ves?

Padre: Espera que necesito mis gafas… Ah…, sí, ahora te veo. ¡Qué guapa! ¿Y cuáles son esos chicos de los que hablas todo el tiempo?

Teresa: ¿Toño y Paco? Sí, mira, ahí está Toño, ¡qué guapo!, ¿no? El chico con el jersey rojo. Es el ______________________ chico en la foto. Y Paco es el ______________________ de la ______________________ fila. El chico con las gafas, el pelo rizado y un jersey verde.

Padre: Ah… ¿Y dónde está Manuel? No lo veo.

Teresa: ¡Como no lo ves! Es el ______________ en la ______________ fila, está detrás de mí y lleva una chequeta azul.

Padre: Ah… es que con el pelo largo no lo reconozco[2] ¿Y tu amiga Laura? ¿Cuál es?

Teresa: Es la ______________ en la ______________ fila, abajo. La rubia con gafas.

Padre: Y esta chica, la ______________ al lado de Manuel es Sandra, ¿no?

Teresa: No, papá, ella es Lisa. Sandra es la ______________ en la ______________ fila, al lado de Laura y el ______________ y la ______________ son nuestros profesores.

Padre: Sí, sí, eso ya lo sé.

1 la fila die Reihe   2 reconocer (c → zc) (wieder)erkennen

15 a Completa el texto de la guía turística con los números ordinales correctos.

www.visitamadrid.info

¡Bienvenidos a nuestra visita guiada por Madrid!

Nuestra visita tiene cinco estaciones[1] y por eso empieza muy temprano, a las ______________ horas de la mañana. La ______________ estación son los barrios de Malasaña y Lavapiés. Nuestra ______________ estación son tres parques: el ______________ es el Parque de El Capricho, el ______________ es el Parque del Oeste y el ______________ parque, el más importante, es el Parque del Buen Retiro. Después de un descanso y muchas fotos, nuestra ______________ estación van a ser dos plazas: la ______________ es la Plaza de Cibeles y la ______________ es la Plaza Mayor. En nuestra ______________ estación vais a probar por ______________ vez un verdadero cocido madrileño[2]. La ______________ estación, la última, va a ser en un bar de tapas. Las ______________ tapas son gratis.

¡Os va a encantar! ¡Venid con nosotros! ¡Os esperamos!

1 la estación *hier* die Station   2 cocido madrileño traditioneller Eintopf mit Kirchererbsen, Kartoffeln und Fleisch

facultativo

b Lee el texto otra vez y pon los lugares en el orden correcto, según el texto.

______: bar de tapas
______: Plaza Mayor
______: Parque del Oeste
______: Plaza Cibeles
______: Malsaña y Lavapiés
______: Parque de El Capricho
______: cocido madrileño
______: Parque del Retiro

6 Perú – un país andino

1 Das *pretérito indefinido* | El *pretérito indefinido*

1.1 Regelmäßige Verben | Verbos regulares

La semana pasada **estudié** con Marta para el examen.
Ella **vivió** un año en Perú y luego seis meses en Bolivia.
Una vez, en Madrid, **comimos** muchos churros con chocolate.
¿Dónde **pasasteis** las vacaciones hace un año?
Ana y Juan **salieron** de tapas ayer por la noche.

Das *pretérito indefinido* ist die am häufigsten verwendete Vergangenheitszeit im Spanischen. Du verwendest sie, um über abgeschlossene Ereignisse und Handlungen zu berichten.

		habl-**ar**	cog-**er**	viv-**ir**
Singular	1.	habl-**é**	cog-**í**	viv-**í**
	2.	habl-**aste**	cog-**iste**	viv-**iste**
	3.	habl-**ó**	cog-**ió**	viv-**ió**
Plural	1.	habl-**amos**	cog-**imos**	viv-**imos**
	2.	habl-**asteis**	cog-**isteis**	viv-**isteis**
	3.	habl-**aron**	cog-**ieron**	viv-**ieron**

¡OJO! Anders als im Präsens trägt die 2. Person Plural auf keiner Endung einen Akzent. Stattdessen trägt im *indefinido* die 1. und 3. Person Singular einen Akzent.

LERNTIPP Sprich die Formen beim Lernen laut aus und achte auf die Betonung (= unterstrichene Vokale in der Tabelle).

El lunes Pedro habló con Marta.
–Yo no hablo mucho con ella.
Mi padre estudió Finanzas y yo estudio Informática.

Die regelmäßigen Verben werden im *pretérito indefinido* auf den Endungen betont. Durch die veränderte Betonung des Verbs verändert sich sowohl die Zeit als auch die Person (*habló ≠ hablo*).

Mi familia y yo **vivimos** tres años en Madrid. Ahora vivimos en Sevilla.
Ayer **hablamos** sobre la comida y hoy hablamos sobre la escuela.

¡OJO! Bei den Verben auf *-ar* und *-ir* ist die 1. Person Plural des *pretérito indefinido* formgleich mit der Präsensform. Nur durch den Zusammenhang wird deutlich, ob Vergangenheit oder Präsens gemeint ist.

1.2 Verben mit orthografischen Besonderheiten im *pretérito indefinido* | Verbos con particularidades ortográficas en el *pretérito indefinido*

		lle**gar** (g → gu)	to**car** (c → qu)	cru**zar** (z → c)
Singular	1.	lle**gu**-é	to**qu**-é	cru**c**-é
	2.	lleg-aste	toc-aste	cruz-aste
ebenso:		jugar, pagar	buscar, sacar, explicar, practicar, dedicarse	empezar, organizar, utilizar, rechazar

Verben, die im Infinitiv auf *-gar* und *-car* enden, müssen in der 1. Person Singular des *pretérito perfecto* in ihrer Schreibweise angepasst werden, weil sich sonst die Aussprache ändern würde.
Bei Verben auf *-zar* wird in der 1. Person Singular das *z* in ein *c* verwandelt, weil im Spanischen der Buchstabe *z* nie vor den Vokalen *e* und *i* steht.
► Ortografía, p. 128

		le**er** (i → y)	constr**uir** (i → y)	**ver**
Singular	1.	le-**í**	constru-í	v-i
	2.	le-**í**ste	constru-iste	v-iste
	3.	le-**y**ó	constru-**y**ó	v-**io**
Plural	1.	le-**í**mos	constru-imos	v-imos
	2.	le-**í**steis	constru-isteis	v-isteis
	3.	le-**y**eron	constru-**y**eron	v-ieron
ebenso:		creer	destruir	

Bei Verben, die auf *-eer* und *-uir* enden, wird das *i* in der 3. Person Singular und Plural zum *y*.
Zudem trägt das *i* bei den Verben auf *-eer* in den anderen Formen immer einen Akzent, damit *e* und *i* getrennt und nicht wie *ei* gesprochen werden.
► Vocales y diptongos, p. 127

¡OJO! Das Verb *ver* trägt in der 1. und 3. Person Singular keinen Akzent, weil einsilbige Wörter nur dann einen Akzent tragen, wenn es sie zweimal gibt (z. B. *tú* – *tu*; *él* – *el*, etc.).

6

1.3 Unregelmäßige Verben im *pretérito indefinido* | Los verbos irregulares en el *pretérito indefinido*

		dormir (o → u)	**elegir (e → i)**
Singular	1.	dorm-**í**	eleg-**í**
	2.	dorm-**iste**	eleg-**iste**
	3.	d**u**rm-**ió**	el**i**g-**ió**
Plural	1.	dorm-**imos**	eleg-**imos**
	2.	dorm-**isteis**	eleg-**isteis**
	3.	d**u**rm-**ieron**	el**i**g-**ieron**
ebenso:		morir	pedir, seguir, convertir(se), repetir

Verben auf *-ir*, die im Präsens ihren Stammvokal von *e* → *ie*, *e* → *i* und *o* → *ue* ändern, ändern diesen im *pretérito indefinido* in der 3. Person Singular und Plural von *e* → *i*, bzw. *o* → *u*. ► S. 16/1, 19/8 und 47/10

		poder	poner	saber
Singular	1.	**pud**-e	**pus**-e	**sup**-e
	2.	**pud**-iste	**pus**-iste	**sup**-iste
	3.	**pud**-o	**pus**-o	**sup**-o
Plural	1.	**pud**-imos	**pus**-imos	**sup**-imos
	2.	**pud**-isteis	**pus**-isteis	**sup**-isteis
	3.	**pud**-ieron	**pus**-ieron	**sup**-ieron

Einige Verben sind im *pretérito indefinido* komplett unregelmäßig. Bei diesen Verben endet die 1. Person Singular auf unbetontem *-e* und die 3. Person Singular auf unbetontem *-o*.

LERNTIPP Die von der regelmäßigen Betonung abweichenden Vokale sind in den Tabellen unterstrichen.

		estar	tener	hacer
Singular	1.	**estuv**-e	**tuv**-e	**hic**-e
	2.	**estuv**-iste	**tuv**-iste	**hic**-iste
	3.	**estuv**-o	**tuv**-o	**hi**-**z**o
Plural	1.	**estuv**-imos	**tuv**-imos	**hic**-imos
	2.	**estuv**-isteis	**tuv**-isteis	**hic**-isteis
	3.	**estuv**-ieron	**tuv**-ieron	**hic**-ieron

¡OJO! Beim Verb *hacer* schreibt man in der 3. Person Singular *z* statt *c*, weil sich sonst die Aussprache verändern würde, denn ein *c* vor *o* wird wie ein [k] gesprochen. ► Ortografía, p. 128

		querer	decir	traer
Singular	1.	**quis**-e	**dij**-e	**traj**-e
	2.	**quis**-iste	**dij**-iste	**traj**-iste
	3.	**quis**-o	**dij**-o	**traj**-o
Plural	1.	**quis**-imos	**dij**-imos	**traj**-imos
	2.	**quis**-isteis	**dij**-isteis	**traj**-isteis
	3.	**quis**-ieron	**dij**-eron	**traj**-eron

¡OJO! Die Verben *traer* und *decir* haben in der 3. Person Plural kein *i* in der Endung:
traj-~~i~~eron
dij-~~i~~eron

		venir	ir/ser	dar
Singular	1.	**vin**-e	**fui**	**di**
	2.	**vin**-iste	**fuiste**	**diste**
	3.	**vin**-o	**fue**	**dio**
Plural	1.	**vin**-imos	**fuimos**	**dimos**
	2.	**vin**-isteis	**fuisteis**	**disteis**
	3.	**vin**-ieron	**fueron**	**dieron**

Ir und *ser* haben dieselben Formen im *pretérito indefinido*. Durch den Zusammenhang wird deutlich, welches der beiden Verben gemeint ist (z. B. *Fue a Madrid.* vs. *El viaje fue interesante.*).

–Oye, hace dos semanas **hubo** un concierto de rap fenomenal, ¿no?
–¡No! **Fue** la semana pasada. Mi hermano **fue**. Dice que **estuvo** genial.

¡OJO! Bei dem Verb *haber* wird wie im Präsens nur die Form der 3. Person Singular verwendet: *hay* → *hubo*.

2 Die Präpositionen *desde, desde hace* und *hace* | Las preposiciones *desde, desde hace* y *hace*

Hace casi 500 años los españoles llegaron a Perú.

Die Präposition *hace* bedeutet im Deutschen „vor". *Hace* wird immer mit einer Vergangenheitszeit verwendet.

- vor 500 Jahren
- 500 years ago
- il y a 500 ans

Desde 2010 Perú tiene un Premio Nobel de Literatura.

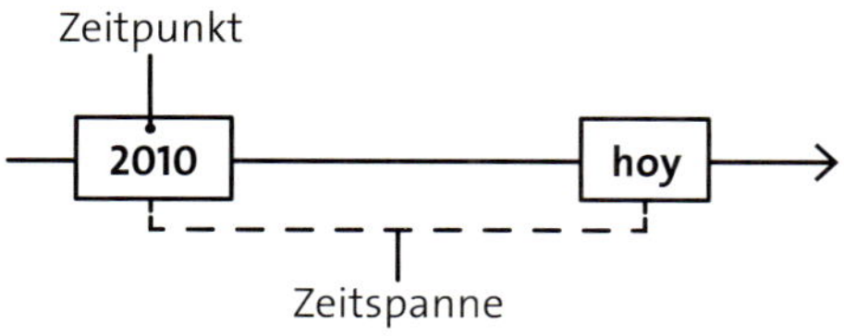

Desde hace siete años Perú tiene un Premio Nobel de Literatura.

Für die deutsche Präposition „seit" gibt es im Spanischen zwei verschiedene Entsprechungen: *Desde* wird verwendet, wenn man von einem Zeitpunkt in der Vergangenheit spricht. *Desde hace* verwendet man, wenn es sich um einen Zeitraum handelt.

LERNTIPP Du kennst dieses Phänomen schon aus dem Englischen:

desde = since 1989 (Zeitpunkt)
desde hace = for three years (Zeitspanne)

3 Die Konjunktionen *cuando, como* und *porque* | Las conjunciones *cuando, como* y *porque*

- *als …* **Cuando** llegué, estuve muy mal durante un día.
- *(Immer) wenn …* **Cuando** comes hojas de coca te pones mejor.
- *Da/Weil …:* **Como** hay muchos turistas, los uros aprendieron a hablar otras lenguas.
- *…, da/weil …:* Los uros aprendieron a hablar otras lenguas **porque** hay muchos turistas.

Die Konjunktion *cuando* bedeutet im *pretérito indefinido* „als".
Da die Konjunktion *porque* im Spanischen nicht am Satzanfang stehen kann, wird am Satzanfang die Konjunktion *como* verwendet.

¡OJO! Die Konjunktionen *cuando* und *como* tragen keinen Akzent, die Fragepronomen *¿cuándo?* und *¿cómo?* werden mit Akzent geschrieben.

APRENDER MEJOR LA GRAMÁTICA

Seit (Zeitpunkt):
… 2018 vivo en Sevilla.
Seit (Zeitraum):
… una semana estoy en Barcelona.
Vor:
… un mes estuve en Madrid.

Suche dir aus den Texten und Aufgaben in deinem Buch, Arbeitsheft oder in dieser Grammatik Beispielsätze, in denen jeweils eine Form des Verbs oder der Wortart vorkommt, die du lernen möchtest. Schreibe die Sätze auf (z. B. auf eine Karteikarte) und lasse für die Formen eine Lücke, die Lösung notierst du auf der Rückseite. Nach einer längeren Pause ergänzt du die Formen.

Ejercicios

El pretérito indefinido: verbos regulares

1 a Completa el crucigrama con una forma de fundar, entender y escribir en pretérito indefinido.

1▸ Las chicas ~ un libro.
2▸ ¿Puedes repetir? No ~.
3▸ Hace un año yo ~ un grupo de música.
4▸ Miguel ~ mi problema.
5▸ Pizarro ~ Lima en 1535.
6▸ Te ~ un mensaje. ¿Lo leíste?
7▸ Los incas ~ Cuzco.
8▸ Ana me ~ un e-mail ayer.
9▸ Los chicos ~ toda la película.
10▸ Hace dos años Ana y yo ~ una empresa.

Solución: ______________________

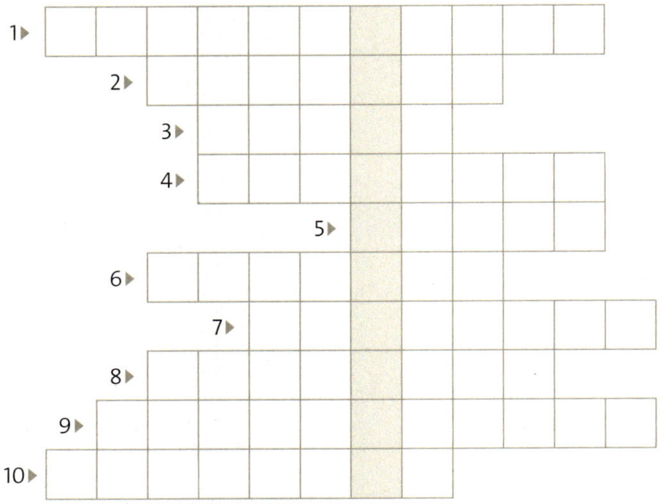

b ¿Qué formas de los verbos faltan en el ejercicio 1a? Completa la tabla.

	fundar	entender	escribir
[yo]	______	______	______
[tú]	______	______	______
[él/ella]	______	______	______
[nosotros/-as]	______	______	______
[vosotros/-as]	______	______	______
[ellos/-as]	______	______	______

2 Lee las frases y apunta si los verbos van en pretérito indefinido (i), en presente (p) o en futuro inmediato (f). ¡Ojo! Algunos verbos pueden ir en dos tiempos.

1. ______ Hace cinco años *salir* del instituto.
2. ______ A la una *tener* un examen.
3. ______ Una vez *probar* el ceviche.
4. ______ Hoy por la tarde *leer* un libro.
5. ______ La próxima semana *estudiar* más.
6. ______ En dos días *viajar* a Perú.
7. ______ Ayer *ver* una peli con Luis.
8. ______ Desde hace un año *vivir* aquí.
9. ______ Mañana *comer* con Andrés.
10. ______ En 1988 *haber* elecciones.

3 ¡Los verbos se equivocaron de frase! Lee las frases y apunta el verbo correcto.

1. Hasta el siglo XVI, los incas llegaron en el sur de América Latina. vivieron
2. Los primeros habitantes mataron a Perú hace más de 12.000 años. ______
3. En 1492, Cristóbal Colón pasó a ser a América. ______
4. En 1532, Francisco Pizarro ganó la conquista del Imperio inca. ______
5. En 1533 los españoles llegó a Atahualpa. ______
6. No mucho después descubrió el Imperio Inca. ______
7. Después, Perú empezó una colonia española. ______
8. En el año 1821 Perú recibió la independencia de España. ______
9. En julio de 1911 Hiram Bingham terminó las ruinas de Machu Picchu. ______
10. En 2001 Alejandro Toledo logró las elecciones en Perú. ______
11. Mario Vargas Llosa vivió el Premio Nobel en 2010. ______
12. Hace unos años Perú ~~vivieron~~ un *boom* gastronómico. ______

4 Lee las respuestas de Andreas sobre su vida en América Latina y formula las preguntas.

dónde con quién cómo cuánto por qué qué cuándo adónde

1. ______
Mi familia y yo viajamos a Chile en el año 2003.
2. ______
Vivimos 5 años allá. De 2003 a 2008.
3. ______
Me gustó muchísimo la gente de Chile. Son muy simpáticos.
4. ______
Después, entre 2008 y 2010, estuvimos en Perú.
5. ______
En Perú viajamos a Cuzco, a Machu Picchu y al lago Titicaca.
6. ______
A Machu Picchu viajé con mi hermana.
7. ______
Primero aprendí español en el instituto y luego lo practiqué en la calle.
8. ______
Regresamos a Alemania porque mi padre encontró aquí un trabajo mejor.

6

Verbos con particularidades ortográficas en el pretérito indefinido

5 **Completa las tablas con las formas de los verbos en pretérito indefinido. Pon atención a las terminaciones de los verbos.**

buscar *practicar* *explicar* *pagar* *leer* *jugar*
organizar *utilizar* *empezar* *construir* *creer* *llegar*

1		
	____________g	
él/ella	____________g	ó
	____________g	
2		
	____________gu	
yo	____________gu	é
	____________gu	
3		
	____________y	
él/ella	____________y	ó
	____________y	
4		
	____________	
yo	____________	í
	____________	
5		
	____________z	
él/ella	____________z	ó
	____________z	
6		
	____________qu	
yo	____________qu	é
	____________qu	
7		
	____________y	
ellos/ ellas	____________y	eron
	____________y	
8		
	____________c	
yo	____________c	é
	____________c	

6 **Completa los diálogos con las formas correctas de los verbos en pretérito indefinido.**

1. –Y chicos, ¿____________ (*estudiar*) mucho ayer? ¿____________ (*leer*) todos los textos para el examen de Literatura?

   –Héctor y yo sí los ____________ (*leer*), pero Carlos y Martín no los ____________ (*leer*). Dicen que no quieren estudiar.

   –¡Eso no es verdad! Yo no ____________ (*leer*) los textos, porque ayer por la tarde ____________ (*tocar*) la guitarra

   –Pero Carlos, ¿____________ (*tocar*) la guitarra toda la tarde?

   –Sí, ____________ (*tocar*) tres horas con los chicos del grupo y después ____________ (*practicar*) un poco más.

2. –Y Juan, ¿qué tal el teatro ayer por la noche? ¿__________ (*llegar*) a tiempo?

–¡No! ¡Me perdí! __________ (*llegar*) a la estación de trenes, ahí __________ (*cruzar*) la calle, como me lo __________ (*explicar / tú*). Después __________ (*coger*) la primera calle a la derecha y __________ (*seguir*) todo recto hasta la esquina. ¡Pero no __________ (*ver*) a Jairo!

Fotolia / mast3r

–¡Qué palo! ¿Y cómo __________ (*llegar*) al teatro entonces?

–Bueno, __________ (*girar*) a la derecha y en la otra esquina __________ (*ver*) a Jairo. Entonces él y yo __________ (*cruzar*) la calle, __________ (*coger*) después la primera a la izquierda y __________ (*seguir*) hasta la plaza.

–Ah… Entonces sí __________ (*llegar*) juntos al teatro, ¿o no?

–No. En la plaza, Jairo y yo __________ (*llegar*) a un café y ahí __________ (*quedarse*), __________ (*comer*) y __________ (*beber*) algo y __________ (*charlar*) un rato.

3. –Chicas, ¿__________ (*ver*) la película nueva la semana pasada?

–No, la semana pasada no. La __________ (*ver*) hace dos días. ¿Tú también la __________ (*ver*)?

–Sí, Mario y yo la __________ (*ver*) ayer por la noche. ¿Buenísima, verdad?

–Mmm… Más o menos. Yo __________ (*elegir*) la película, pero a mí no me __________ (*gustar*) mucho. Y Cecilia se __________ (*dormir*) en el cine después de 15 minutos. A mí tampoco me __________ (*gustar*) que al final de la película los tres chicos __________ (*morir*). ¡Es muy triste!

6

Los verbos irregulares en el pretérito indefinido

7 a Completa el crucigrama con las formas en pretérito indefinido de estos verbos en presente.

1▸ estáis
6▸ traigo
8▸ hace
9▸ hacemos
10▸ estoy
13▸ podéis
15▸ traes
17▸ haces
18▸ está

1▾ están
2▾ traéis
3▾ estamos
4▾ podemos
5▾ puede
7▾ puedo
11▾ traen
12▾ hacen
13▾ puedes
14▾ traemos
16▾ hago

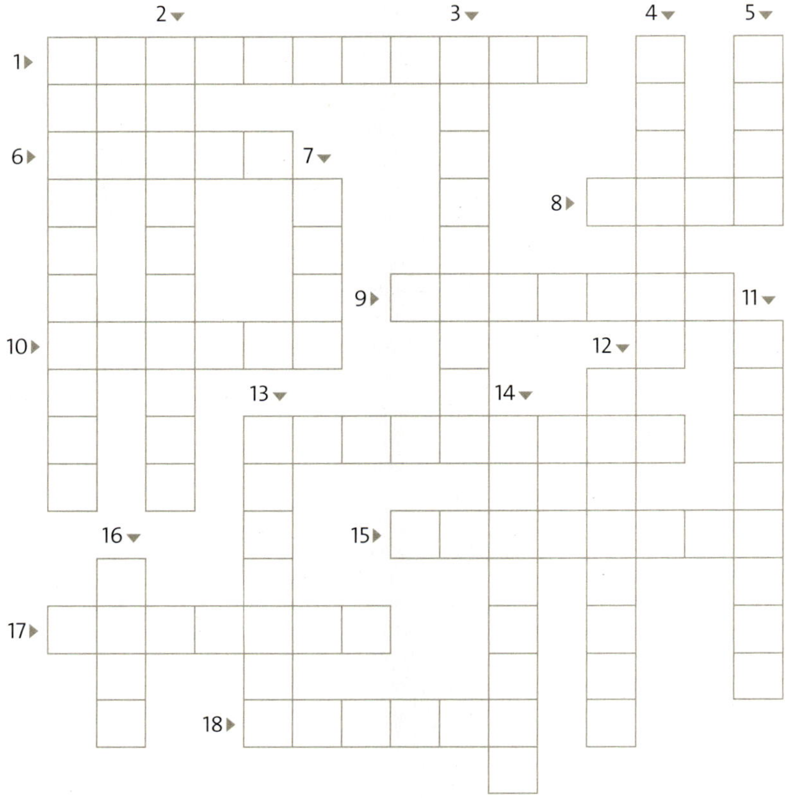

b ¿Qué formas faltan en el crucigrama?

poder: ______________________ hacer: ______________________

estar: ______________________ traer: ______________________

8 Completa el diálogo entre Juliana y una amiga con las formas de los verbos en pretérito indefinido.

–Oye Juliana, ¿qué vestido ______________ (*ponerse*) ayer para la fiesta de Felipe?

–¿Para la fiesta de Felipe? ¿Todavía no lo sabes? ¡Ayer no ______________ (*haber*) fiesta!

–¡¿Cómo?! ¿Felipe no ______________ (*dar*) su fiesta ayer? ¿Qué ______________ (*pasar*)?

–Sus amigos ______________ (*querer*) tomarle el pelo e ______________ (*invitar*) a mucha gente del instituto. Solo pocas horas antes de la fiesta, Felipe ______________ (*saber*) todo, porque ______________ (*venir*) a su casa más de veinte chicos del instituto.

–¡Qué palo!... Oye, y por qué entonces ______________ (*usar*) ayer mi vestido?

–Porque Ana y yo ______________ (*ir*) a bailar a una discoteca, ¡claro!

9 a Escucha las frases otra vez y formúlalas en pretérito indefinido como en el ejemplo.

Ejemplo: «Rubén y Cecilia estudian en la biblioteca y escriben un texto para su presentación oral.»

La semana pasada Rubén y Cecilia estudiaron en la biblioteca y escribieron un texto para su presentación oral.

1. __________
2. __________
3. __________
4. __________
5. __________
6. __________
7. __________
8. __________
9. __________
10. __________

b Escucha las frases sobre Rubén y Cecilia y marca todas las opciones que corresponden.

facultativo

1. Rubén y Cecilia…
   - ☐ van a la biblioteca.
   - ☐ toman un helado.
   - ☐ leen un texto.
   - ☐ van en bicicleta.
   - ☐ se levantan temprano.

2. Con ayuda de los libros, Rubén…
   - ☐ descubre cosas sobre una región andina.
   - ☐ encuentra un sitio libre en la biblioteca.
   - ☐ sabe que hay programas culturales en esa región.
   - ☐ aprende Geografía con Cecilia.
   - ☐ entiende los ejercicios de Mates.

6

10 Completa los diálogos con las formas correctas de los verbos en pretérito indefinido

1. –¿Cómo ________________ (*estar*) tu fin de semana? ¿________________ (*hacer*) algo especial?

–¡________________ (*ser*) genial! El sábado por la mañana ________________ (*dormir*) hasta las once. Después ________________ (*ir*) a desayunar con Federico y Josefa. ________________ (*estar* / nosotros) en una cafetería muy bonita en el centro. Después ________________ (*venir*) Claudia y Lorenzo. ¿Y tú? ¿Qué ________________ (*hacer*) el sábado?

–En verdad, no ________________ (*hacer*) mucho. Por la mañana ________________ (*tener*) que ayudar a mi hermano con sus deberes y por la tarde, Roberto ________________ (*venir*) a mi casa y ________________ (*traer*) una película.

–¡Es verdad! El domingo ________________ (*ver*) a Roberto en el centro comercial. Así ________________ (*saber*) que él ________________ (*ir*) a tu casa. ________________ (*saber*) también que la película no os ________________ (*gustar*) nada.

2. –Miguel, ¿________________ (*poder*) ir con Silvia a la exposición en el centro cultural el domingo pasado? ¿Qué os ________________ (*parecer*)?

–No, no ________________ (*poder*). Es que mi tía Julia ________________ (*venir*) de visita. Entonces ________________ (*ir*) todos a pasear por la ciudad y no ________________ (*haber*) tiempo para ir al centro cultural. ¿Y tú?, ¿cómo ________________ (*ser*) tu domingo? ¿________________ (*ir*) a estudiar a casa de Martín?

–Sí, sí ________________ (*ir*), pero no ________________ (*estudiar*) nada.

–¿Cómo? ¿Y por qué? ¿Qué ________________ (*pasar*)?

–Es que los libros de Química están en casa de Mayela y Mayela ________________ (*estar*) enferma el domingo y no ________________ (*venir*) a casa de Martín.

–¿Y qué ________________ (*hacer* / tú) entonces con Martín?

–Pues ________________ (*jugar* / nosotros) toda la tarde a unos videojuegos muy guay. Su hermano mayor los ________________ (*traer*) de sus vacaciones en Estados Unidos. ¡Son una pasada!

Las preposiciones *desde, desde hace y hace*

11 **Completa el texto con desde, desde hace y hace.**

Gael García Bernal es un actor mexicano. Nació[1] en 1978 en Guadalajara, México y ____________ algunos años es uno de los actores más famosos de América Latina. ____________ muchos años, de niño, empezó a hacer teatro. ____________ 1992 actúa[2] en películas de cine y en televisión. ____________ un tiempo es también padre y tiene dos hijos. ____________ 2010 Gael García Bernal también trabaja como director de películas y documentales[3]. ____________ poco tiempo terminó un documental sobre la migración. Allí habla de muchos problemas sociales y culturales de América Latina.

1 **nacer** (c → zc) geboren werden   2 **actuar** *hier:* mitspielen   3 **el documental** der Dokumentarfilm

Las conjunciones *cuando, como y porque*

12 **Completa las frases como en el ejemplo con una de las conjunciones cuando, como o porque.**

Ejemplo: ______X______ hace un mes visité Lima ____porque____ viajé a Perú.

1. ____________ llegué a Perú ____________ me decidí a ir a Machu Picchu.
2. ____________ Machu Picchu es genial ____________ hay muchos turistas.
3. ____________ llegué muy cansado a Machu Picchu ____________ hice el Camino Inca a pie.
4. ____________ probé el Ceviche ____________ me pareció muy rico.
5. ____________ Puno está a 4000 metros de altura ____________ el primer día estuve muy mal.
6. ____________ comes hojas de coca ____________ te pones siempre mejor.
7. ____________ viajé a Lima ____________ hubo un terremoto[1].

1 **el terremoto** das Erdbeben

6

Evaluación 3

Vocabulario

1 **¿Con qué verbo van las palabras? Ordénalas. A veces hay más de una opción.**

una bici · un problema · al patio · la línea roja · al teléfono · a la izquierda · el libro en la mesa · de la cultura · la catedral · dinero · por aquí · atención · un piso · a la calle · cuidado · incluida · veinte metros cuadrados · la región · el jersey amarillo · del tour · el palacio · las elecciones · nervioso · de la visita guiada · un balcón · una habitación · solo · semiamueblada

1. conocer ______
2. ganar ______
3. estar ______
4. coger ______
5. alquilar ______
6. tener ______
7. poner ______
8. ponerse ______
9. disfrutar ______
10. dar ______

Gramática

2 **Una amiga está en Madrid. Dale consejos como en el ejemplo.**

1. *buscar* cosas baratas • *ir* al Rastro

   Si buscas cosas baratas, ve al Rastro.

2. *querer* comer las mejores tapas • *visitar* el Mercado de San Miguel

   ______

3. *necesitar* zapatos nuevos • *venir* a la Calle Fuencarral

   ______

4. *preferir* descansar • *pasar* un día tranquilo en el Parque del Buen Retiro

   ______

5. *salir* con amigos toda la noche • *desayunar* chocolate con churros

   ______

6. *gustar* el teatro • *mirar* una obra en el «Microteatro por dinero»

   ______

7. *encantar* el fútbol • *hacer* una visita guiada por el estadio Santiago Bernabéu

8. *hacer* un tour por Malasaña • *probar* las tapas de los bares del barrio

3 Lee las frases y subraya el pronombre correcto.

1. ¡Qué bueno está el café! ¿Dónde lo / le / te compraste?
2. Oye, ¿y dónde lees los libros de administración? ¿Les / Los / Las lees en la biblioteca o en casa?
3. Cuando no entiendo algo siempre busco a Julia o a Nicolás. A ellos las / les / los pregunto cosas de los exámenes y ellos siempre se / me / te ayudan.
4. ¿Programas de informática? Las / Los / Les tengo en mi ordenador. ¿Te / Me / Se interesan?
5. A Carla Patricia la / le / se ayudo a practicar alemán todos los martes por la tarde. ¿No me / le / te crees? Mira, ahí viene, le / la / te puedes preguntar.
6. Y Jaime, ¿te / me / tú veo mañana por la tarde en la presentación del libro?
7. ¿A Vivi y a Pepe? No, no las / los / les conozco. ¿Quiénes son? ¿Para qué los / les / las buscas?
8. Si quieres yo le / lo / la pregunto al hermano de Marta a qué hora quedamos.
9. ¿A Marisol? No, no le / la / se voy a disculpar. ¿Me / Te / Se entiendes? ¡No, no y no!
10. ¿A nosotros? Sí, el profesor os / les / nos pregunta muchas cosas, pero siempre sabemos las respuestas. Es que lo / la / le escuchamos con mucha atención.

4 a ¿Qué conjugaciones de los verbos decir, seguir y repetir puedes formar?

di si de
guís to
cís repi gue
se di
si ces go
si se repe
guimos timos
tes go di
repi cen repi

decir	seguir	repetir

b Completa la tabla con las formas que faltan.

5 **Lee el texto y completa los acentos que faltan.**

Jaime y yo somos amigos. El es muy simpatico. No, ¡que va! ¡Simpatiquisimo! El y yo vamos al mismo instituto y somos compañeros de curso. Yo se que hoy esta felicisimo porque ayer visito a su tio y el le dio un regalo genial: una bicicleta nueva. Ayer por la tarde me hablo por telefono y quedamos en la plaza para probar la bicicleta. Cuando vi la bicicleta, me puse muy alegre: ¡Que bici mas chula! Estuvimos en la plaza hasta muy tarde y use mucho la bicicleta. Despues Jaime se fue a casa y yo fui a comer algo a la heladeria. Ahora estamos en el instituto y en las proximas horas tenemos dos examenes. Yo hablo del examen de Mates con Luis y Maria esta preguntandole a Jaime todo el tiempo por la bicicleta nueva. ¿No ve que estamos nerviosisimos?

6 **Completa el texto con las formas del comparativo. ¡Atención! En algunos espacios no necesitas poner que o como.**

Desde hace una semana Miguel vive en un piso compartido con Isidora y Rodolfo. La habitación de Miguel es ______________________ (+ grande) las otras habitaciones, pero también es ______________________ (+ caro/-a). La habitación de Isidora es ______________________ (= pequeño/-a) la de Rodolfo, pero las dos son ______________________ (+ luminoso/-a) la de Miguel. El piso está en un barrio ______________________ (− tranquilo/-a) el barrio antiguo de Miguel, pero el nuevo barrio está ______________________ (+ cerca) de su trabajo. Para él, vivir cerca del trabajo es ______________________ (+ bueno) vivir lejos, porque así puede levantarse ______________________ (+ tarde). El único problema es que sus compañeros de piso no son ______________________ (= divertido/-a) los compañeros del otro piso. Por eso Miguel no sabe qué es ______________________ (+ malo): vivir lejos del trabajo o tener compañeros aburridos.

7 **¿Qué pasó ayer? Completa las frases con el verbo correcto en pretérito indefinido.**

hacer *ir* *ver* *dormir* *elegir* *leer*

1. Los padres de Mateo ______________ al centro comercial.
2. Ana y Nico ______________ una siesta muy larga.
3. Julia ______________ un libro muy aburrido.

4. María ________________ un vestido para la fiesta.

5. Tú y yo ________________ una película en el cine.

6. Y vostoros, ¿qué ________________ ayer?

Conocimiento global

8 **Completa el texto con las letras que faltan.**

Im Text stehen einige Wörter nur zur Hälfte. Hat das Wort eine ungerade Buchstabenzahl, fehlt ein Buchstabe mehr als die Hälfte. Das heißt, wenn z. B. drei Buchstaben vor einer Lücke stehen, musst du noch drei Buchstaben ergänzen oder maximal vier. Aber niemals weniger oder mehr als das!

Las Fallas de Valencia

Un *ninot*

Las Fallas de Valencia son una de las fiestas más impor________ de esta ciu________ … ¡Y de to________ España! Las fallas significa «las llamas[1]» en valenciano. Antes de la fiesta, los valencianos const________ unas figuras muy espec________, los *ninots*. Son figuras de cartón[2] muy gra________ y con muc________ colores. Durante el 15 y el 19 de marzo los *ninots* están por todas las cal________ de la ciu________ y todos pue________ verlos. El último día es el día de Las Fallas. El día emp________ muy normal. Por la mañ________ todas las pers________ de la ciudad s________ levantan y desa________ en casa o con ami________. Pero por la ta________ toda la ciudad se convierte[3] en u________ fiesta. Este día se llama: La Cremá. Entonces los jóv________ de la ciu________ po________ fuegos artificiales[4] en los *ninots* y a las doce en pu________ de la no________ los jóv________ les prenden fuego[5] a to________. Bueno…, a casi to________. Cada año la ge________ de Valencia «salva[6]» a un *ninot* de las llamas. Con es________ *ninots* hay exposi________ en la ciudad. Así que sie________ puedes v________ un *ninot*. Aunque, si pue________, es me________ ir a Las Fallas y no perderte esta fiesta tradi________ de la cul________ de Valencia.

1 **la llama** die Flamme
2 **el cartón** die Pappe
3 **convertirse (e → ie)** sich verwandeln
4 **los fuegos artificiales** *pl.* das Feuerwerk
5 **prender fuego a algo** etw. (an)zünden
6 **salvar algo / a alguien** etw./jdn retten

1 Unpersönliche Konstruktionen mit *se* und *uno* | Las estructuras impersonales con *se* y *uno*

En el hotel **se habla** inglés.

*Im Hotel **wird** Englisch **gesprochen**. / Im Hotel **spricht man** Englisch.*

No **se pagan** las prácticas.

*Das Praktikum **wird** nicht **bezahlt**. / Man **bekommt** das Praktikum nicht **bezahlt**.*

Unpersönliche Konstruktionen verwendest du, um eine Aussage zu verallgemeinern und wenn es nicht wichtig ist, wer etwas macht. Deshalb wird die unpersönliche Konstruktion *se* mit „man" oder mit dem Passiv wiedergegeben. Ob die Verben in der 3. Person Singular oder Plural stehen (*se habla*, *se pagan*), hängt vom Numerus (Sg./Pl.) des Objekts (*inglés*, *las prácticas*) ab.

Uno va al instituto y después uno hace prácticas.
***Man** geht ... dann macht **man** ...*
En verano **uno** se levanta más temprano que en otoño.
*... steht **man** früher auf ...*

Die Konstruktion mit *uno* entspricht dem Deutschen „man". Unpersönliche Konstruktionen mit *se* sind geläufiger, aber bei reflexiven Verben muss *uno* verwendet werden, da das *se* durch das Reflexivpronomen *se* bereits „besetzt" ist.

2 Personalpronomen mit Präposition | Pronombres personales con preposición

a de en para por sin sobre	**mí** **ti** él/ella/usted nosotros/-as vosotros/-as ellos/-as/ustedes	**conmigo** **contigo**	
		con	él/ella/usted nosotros/-as vosotros/-as ellos/-as/ustedes

Wenn ein Personalpronomen auf eine Präposition folgt, werden außer in der 1. und 2. Person Singular (*mí* und *ti*) die Subjektpronomen verwendet. *Con* verschmilzt mit den Personalpronomen *mí* und *ti* zu *conmigo* bzw. *contigo*.

–¿Es este regalo para **mí**?
–Sí, ese de mi tía es para **ti**.

¡OJO! *Mí* trägt einen Akzent, um es vom Possessivbegleiter *mi* zu unterscheiden – *ti* hingegen nicht.

Esta idea queda **entre tú y yo**.

¡OJO! Nach der Präposition *entre* werden allerdings auch in der 1. und 2. Person Singular die Subjektpronomen *yo* und *tú* verwendet.

3 Die verkürzten Adjektivformen | Los adjetivos apocopados

Madrid es una **gran** ciudad.	grand~~e~~ → gran
Cervantes es un **gran** escritor.	
Es un **buen** amigo.	buen~~o~~ → buen
Hoy es un **mal** día.	mal~~o~~ → mal

Grande wird sowohl vor maskulinen wie femininen Substantiven im Singular zu *gran* verkürzt. Wenn *gran* vor einem Substantiv steht, dann bedeutet es „großartig". *Bueno* und *malo* werden nur vor maskulinen Substantiven im Singular verkürzt.

Ejercicios

Las estructuras impersonales con *se* y *uno*

1 **Completa los anuncios con el verbo correcto en la forma impersonal con se.**

hablar buscar dar sacar leer descubrir orientar preparar tocar

1

Luz y fotografía

¿Necesitas un buen currículum? Ven a visitarnos.

________________ fotos profesionales.

2

Piso compartido

¿Eres una chica tranquila y seria? ¿Todavía no tienes una habitación en la ciudad?

________________ *compañera de piso.*

Llámame al 657 896 876.

3

Grupos de idiomas

Buscas un grupo para practicar idiomas. ¡Este es tu grupo! Los martes a las 16:00 en el centro cultural.

________________ español, inglés y alemán. ¡Nos vemos!

4

Escuela de baile Merequendeque

¿Quieres aprender a bailar? ¡Ven! Te esperamos.

________________ clases de cumbia, salsa, tango y reggeaton.

5

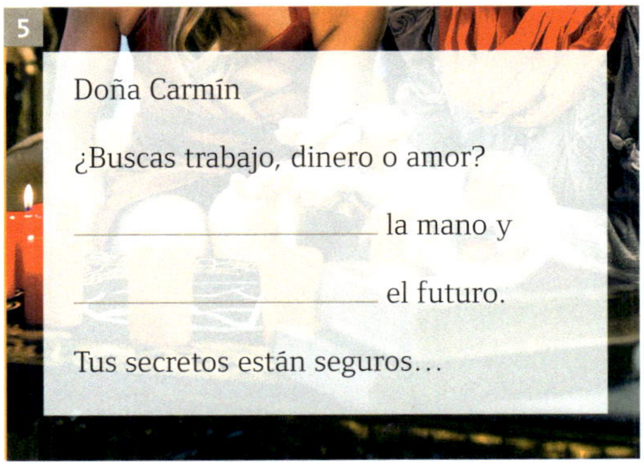

Doña Carmín

¿Buscas trabajo, dinero o amor?

________________ la mano y

________________ el futuro.

Tus secretos están seguros…

6

Escuela de música

¿Te gusta la música?

¿Quieres aprender a tocar guitarra o el cello?

¡Ven a nuestra escuela!

¡________________ muchos instrumentos!

7

Grupo de ayuda

¿Problemas con tus padres o tus profesores? ¡No hay problema! Ven a nuestro grupo.

________________ *jóvenes.*

¡Hablad con nosotros!

8

Cocina peruana

¿Quieres hacer una fiesta especial? Prueba nuestros platos peruanos y sorprende a tus visitas. ¡________________ ceviche con pescado fresco!

2 a Completa el texto con la forma impersonal de los verbos.

España y Alemania

España y Alemania son dos países muy diferentes. La primera diferencia es el idioma. En España ______________________ (*hablar*) español y en Alemania ______________________ (*hablar*) alemán. Sin embargo, en Alemania viven muchas personas de origen[1] español o latinoamericano y por eso en Alemania también ______________________ (*hablar*) español en muchos sitios y barrios.

La forma de trabajar también es diferente entre los dos países. En muchas ciudades de España ______________________ (*hacer*) una pausa de media mañana. Además, normalmente ______________________ (*cerrar*) las tiendas de barrio a las dos y ______________________ (*abrir*) otra vez a las cinco. Por eso en España ______________________ (*trabajar*) hasta las ocho de la noche. En Alemania, en general, ______________________ (*ofrecer*) un horario laboral con una pausa al mediodía más corta y ______________________ (*terminar*) de trabajar más temprano.

Otra diferencia es el salario que ______________________ (*recibir*). Por un lado[2], en Alemania ______________________ (*ganar*) bastante dinero, a veces más que en España. Por otro lado[3], sin embargo, en Alemania ______________________ (*pagar*) más impuestos, entonces al final la diferencia de salarios entre los dos países no es tan grande.

Para tener más experiencias laborales, en España y en Alemania ______________________ (*hacer*) prácticas. Sin embargo, en España las prácticas no ______________________ (*pagar*) y en Alemania la mayoría de las veces sí.

1 el origen *hier* die Herkunft 2 por un lado… einerseits 3 por otro lado… andererseits

facultativo

b Lee el texto otra vez y marca la respuesta correcta.

1. ¿Qué tipo de texto es?
   - ☐ un comentario ☐ una comparación ☐ una descripción
2. ¿Qué subtítulo puede llevar el texto?
   - ☐ formación profesional ☐ diferencias laborales ☐ familia y profesión
3. ¿Qué temas trata el texto?
   - ☐ idiomas, formas de trabajo, sueldo, impuestos, prácticas
   - ☐ idiomas, siesta, vacaciones, salario, experiencias laborales
   - ☐ barrios, tipos de tiendas, profesiones, vacaciones, formación dual
4. La diferencia de salario entre Alemania y España…
   - ☐ es muy grande. ☐ no es tan grande. ☐ es muy pequeña.

3 a ¿Uno o se? Transforma las frases con las formas impersonales como en el ejemplo. ¡Atención! A veces solo puedes usar una forma.

Ejemplo: En Alemania la gente come muchas tapas españolas.

En Alemania uno come muchas tapas españolas.

En Alemania se comen muchas tapas españolas.

1. En España cuando los jóvenes hacen prácticas, no reciben dinero.

   ____________________.

   ____________________.

2. Después de la ESO, muchas veces los jóvenes hacen una formación profesional.

   ____________________.

   ____________________.

3. En España las personas se tutean más rápidamente que en Alemania.

   ____________________.

   ____________________.

4. Los españoles se sorprenden de la cantidad de personas que hablan español en Alemania.

   ____________________.

   ____________________.

5. Después de la ESO, los alumnos españoles tienen varias opciones.

   ____________________.

   ____________________.

6. En la ciudad es normal que las personas se quejen del tráfico.

   ____________________.

   ____________________.

7. Por la mañana, los chicos se apuran para no perder el autobús.

   ____________________.

   ____________________.

b ¿En qué frases no tienes las dos opciones? Formula tu propia regla.

____

____

____

Pronombres personales con preposición

4 Subraya la preposición y el pronombre correctos.

1. –Josefa, tú eres una muy buena amiga. Siempre piensas en / sin / a tú / nosotros / vosotros y traes regalos. ¿Para quién son estos libros? ¿Son de / para / sobre mí / mi / yo?
   –Sí, un libro es por / para / de ti / tú / tu y el otro es por / para / en les / ella / yo. Pero no son mis regalos. Los manda Jaime. Son de / con / sobre él / ella / mí a / contigo / para mi / yo / vosotros.
   –Ah… ¿Y esos zapatos? ¿Son de / sin / sobre yo / tú / él también?
   –No, esos los traje yo, pero no son de regalo. Son para / conmigo / de tú / yo / mí.

2. –Oye Mariana, ¿cuál es la tarea para mañana? ¿Una presentación?
   –Sí, una presentación en / por / sobre tú / usted / nosotros y nuestras prácticas el verano pasado.
   –Ah… Pero yo no hice prácticas. A / De / En mí / ti / ellos no puedo hablar. ¿Qué hago? ¿Me ayudas? ¿Preparamos la presentación de / en / entre ti / tú / usted y yo / mí / mi?
   –Bueno, como somos amigos… esta vez lo hago en / por / sin mí / ti / ellos.
   –Oh… ¡muchas gracias! A/ Con/ Sin mí / ti / nosotros me quedo sin tarea.

5 Completa los diálogos con la preposición y el pronombre correctos. Algunos tienes que usarlos más de una vez.

conmigo · en ti · con él · en mí · entre tú y yo · por él · contigo
de ella · para mí · con ellos · sin él · de él · en él · para ti · por ti

1. –Oye Marisol, ¿quieres ir ____________ a la fiesta de Federico?
   –¿____________? No, lo siento. Prefiero ir con Carlos. ____________ la fiesta va a ser más divertida.
   –¿Cómo puedes decir eso? ¿Y qué pasó en la fiesta de Juliana? En la fiesta ____________ lo pasamos genial. ____________ hubo algo especial, ¿o no?
   –¿Algo especial? Quizás ____________ hubo algo especial, pero ____________ la fiesta estuvo muy aburrida. Primero no quisiste bailar ____________, luego viste a Mariana y me hablaste todo el tiempo ____________: de lo que hicisteis en el verano, de vuestro viaje a Perú… Y después vinieron tus amigos y te fuiste ____________. ¡Vaya fiesta!

2. –Juliana, ¿qué pasa? ¿Estás pensando en Jordi otra vez?
   –Sí, siempre pienso ____________. Es que no puedo estar ____________. Cuando estoy ____________, soy muy feliz y cuando él necesita algo, yo lo hago inmediatamente[1]. Yo lo hago todo ____________.
   –¿Ah, sí? ¿Y qué hace él ____________?

–Bueno… no mucho. Pero él también piensa mucho ______________. Mira, ves esta carta. Es ______________. Me la escribió ayer. Y ahí dice que solo quiere estar ______________.

–¿De verdad? ¿Y por qué no está ahora aquí ______________? ¿Por qué está todo el tiempo con sus amigos? Sinceramente[2], yo creo que él no piensa ______________.

1 **inmediatamente** sofort 2 **sinceramente** ehrlich

Los adjetivos apocopados

6 **Relaciona y completa así las frases con el adjetivo que corresponde.**

Ayer mi grupo favorito dio un **1**	**a** grandes	**A** profesor.
¡Uff!… en Mates tengo un **2**	**b** mala	**B** libro.
¿600 páginas y aburrido? Ese es un **3**	**c** gran	**C** compañeros.
¡Qué empollón! Este año sacaste solo **4**	**d** malos	**D** notas.
¿No te ayudan? Esos me parecen muy **5**	**e** buen	**E** artistas.
Goya, Dalí y Picasso son **6**	**f** mal	**F** noche.
Dormí muy poco. Fue una muy **7**	**g** buenas	**G** concierto.

7 **Completa las frases con una forma de bueno/-a, malo/-a o grande. Pon atención a los adjetivos apocopados.**

1. Los incas vivieron en una región muy ______________ en el sur de América Latina.
2. Como educador puedo ofrecer una ______________ educación a todos los niños de mi país.
3. Un museo es un ______________ lugar para aprender muchas cosas de la historia de nuestro mundo.
4. 1533 fue un ______________ año para los incas, porque los conquistadores españoles mataron a Atahualpa.
5. En Nazca encuentras unas figuras de animales muy ______________ que los indígenas dibujaron hace 2000 años. Estas figuras son un ______________ regalo cultural para todos.
6. Para mí, Mario Vargas Llosa escribe muy ______________ libros. ¡Me encantan! Sin embargo, hay gente que piensa que son muy ______________.
7. Mis padres son muy tradicionales y piensan que la profesión de DJ es ______________.
8. En una ______________ práctica no recibes sueldo, trabajas mucho y aprendes poco.
9. Mario Vargas Llosa es un ______________ escritor. En 2010 recibió el premio más ______________ que puede recibir un escritor: el Premio Nobel de Literatura.
10. Para mí, un ______________ profesor es un profesor que explica bien y siempre escucha tus problemas.

7

1 Das *pretérito imperfecto* | El *pretérito imperfecto*

En aquel entonces **construíamos** hoteles por toda la costa.
En aquellos años / En el pasado el «turismo sostenible» no **era** un tema.
Antes siempre **cambiábamos** las toallas cada día.
Hace unos años nadie **se interesaba** por la basura y la ecología.

Das *pretérito imperfecto* beschreibt, wie etwas früher war: Gewohnheiten sowie Zustände. Signalwörter für das *pretérito imperfecto* können zum Beispiel sein: *antes, en aquel entonces, en aquellos años, en el pasado, en los años..., cada día/semana/año/domingo, todos los días, normalmente, siempre.*

		habl-ar	**com-er**	**viv-ir**
Singular	1.	habl-**aba**	com-**ía**	viv-**ía**
	2.	habl-**abas**	com-**ías**	viv-**ías**
	3.	habl-**aba**	com-**ía**	viv-**ía**
Plural	1.	habl-**ábamos**	com-**íamos**	viv-**íamos**
	2.	habl-**abais**	com-**íais**	viv-**íais**
	3.	habl-**aban**	com-**ían**	viv-**ían**

Die Formen des *pretérito imperfecto* sind bei den Verben auf *-er* und *-ir* gleich.
Beim *pretérito imperfecto* werden immer die Endungen betont.
Die Formen der 1. und 3. Person Singular sind immer gleich, aber durch den Zusammenhang wird deutlich, um welche Person es sich handelt.

		ser	**ir**	**ver**
Singular	1.	**era**	**iba**	veía
	2.	**eras**	**ibas**	veías
	3.	**era**	**iba**	veía
Plural	1.	**éramos**	**íbamos**	veíamos
	2.	**erais**	**ibais**	veíais
	3.	**eran**	**iban**	veían

Nur *ser*, *ir* und *ver* haben unregelmäßige Formen im *pretérito imperfecto*.
Das Verb *ver* zählt auch nur deswegen zu den unregelmäßigen Verben, weil das *e* der Infinitivendung erhalten bleibt.

2 Der Gebrauch des *pretérito indefinido* und des *pretérito imperfecto* | El uso del *pretérito indefinido* y del *pretérito imperfecto*

Das *pretérito indefinido* (**Was** passierte?) wird verwendet für Handlungen, die einen klaren Anfang oder ein klares Ende haben oder aber aufeinander folgen (= Handlungsketten). Das *pretérito imperfecto* (**Wie** war es?) beschreibt den Hintergrund einer Handlung, sich wiederholende Ereignisse und Gewohnheiten oder Zustände.

Era una noche tranquila. **Hacía** calor, pero **llovía**. Pablo **estaba** en casa y **estaba** muy cansado. **Quería** acostarse temprano…

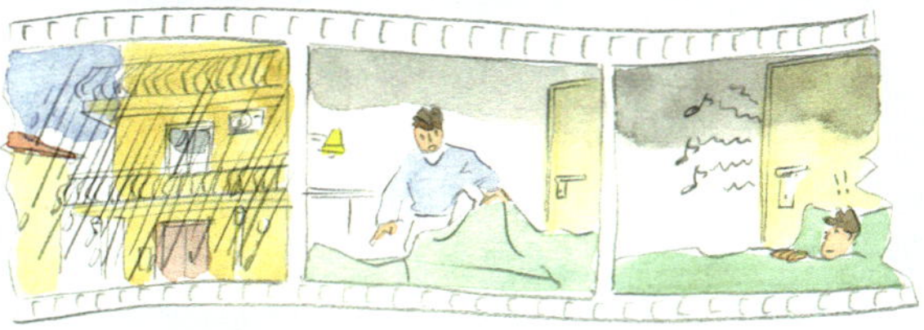

Pretérito imperfecto: Hier wird eine **Situation** und Pablos **Zustand** beschrieben. Es passierte nichts Konkretes.

… cuando de repente **oyó** su móvil.

Pretérito indefinido: Plötzlich passierte etwas. Eine **Handlung** setzt ein oder endet.

Pablo lo **buscó** primero en su mochila, después **miró** en su chaqueta, al final **preguntó** a sus hermanas…

Pretérito indefinido: Pablo reagiert und eine **Handlung** folgte auf die andere (= Handlungskette).

… pero el móvil no **estaba**.

Pretérito imperfecto: Hier wird eine **Beschreibung** eingeschoben.

Como todas las noches, su madre **leía** y sus hermanas **veían** la tele.

Sich wiederholende Ereignisse oder Gewohnheiten werden ebenfalls mit *pretérito imperfecto* ausgedrückt.

3 Das *pretérito indefinido* und das *pretérito imperfecto* im Satz | El *pretérito indefinido* y el *pretérito imperfecto* en la frase

8

<table>
<tr><td colspan="2">Luis veía la tele, cuando</td><td rowspan="2">Ana llamó a la puerta.</td></tr>
<tr><td>Cuando
Mientras</td><td>Luis veía la tele,</td></tr>
</table>

While Luis **was watching** TV, Ana **rang** at the door.

Die noch nicht abgeschlossene Handlung steht im *pretérito imperfecto*, die neu einsetzende Handlung steht im *pretérito indefinido*. Nach *mientras* steht meistens das *pretérito imperfecto*.

Vgl. das englische *past progressive*.

Cuando Pablo **llegó** a casa, **empezó** a llover.

Aufeinanderfolgende abgeschlossene Handlungen (= Handlungsketten, s. o.) stehen im *pretérito indefinido*: Erst **kam** Pablo nach Hause, dann **fing** es an zu regnen.

Mientras Pablo **estudiaba**, sus hermanas **miraban** la tele.

Parallel verlaufende Tätigkeiten stehen im *pretérito imperfecto*. Ihr Anfang, ihr Ende und ihre Dauer sind dabei unwichtig.

Pablo no **sabía** que Manuel era de Perú. Lo **supo** en la fiesta.
Pablo wusste nicht, dass Manuel aus Perú war. Er erfuhr es auf der Party.
Manuel **conoció** a Pablo en una fiesta, aunque ya **conocía** a sus amigos.
Manuel lernte Pablo auf einer Party kennen, obwohl er schon seine Freunde kannte.

¡OJO! Die Verben *saber* und *conocer* haben eine unterschiedliche Bedeutung im *pretérito indefinido* und *pretérito imperfecto*.

4 Die Adverbien auf *-mente* | Los adverbios en *-mente*

Habló **tranquilamente** de su situación.

Normalmente cambiaban las toallas cada día.

Adverbien geben an, wie Tätigkeiten ausgeführt werden. Adverbien beziehen sich auf das Verb im Satz. Manche Adverbien können sich auch auf einen ganzen Satz beziehen.

He talked **calmly** about his situation.
*Er sprach **ruhig** (= auf ruhige Art und Weise) über seine Situation.*

Im Englischen werden Adverbien mit *-ly* gebildet.

¡OJO! Anders als im Spanischen und Englischen haben Adverbien im Deutschen keine Endung und unterscheiden sich deshalb von ihrer Form her vom Adjektiv nicht.

última + mente	→ **últimamente**
tranquil**a** + mente	→ tranquil**a**mente
f**á**cil + mente	→ f**á**cilmente

Die Endung *-mente* wird an die feminine Form des Adjektivs angehängt.

¡OJO! Trägt ein Adjektiv einen Akzent (vgl. *última*, *fácil*), so bleibt dieser beim Adverb erhalten.

Ejercicios

El pretérito imperfecto

1 **La señora Jacinta cuenta de su vida cuando era niña. Completa las frases con los verbos que corresponden en pretérito imperfecto.**

conocer *tener* *estudiar* *vivir* *salir* *dormir* *jugar* *comer* *desayunar*

1. ______________________ con mi familia en una casa muy bonita.
2. ______________________ en el parque con mis amigos.
3. ______________________ mucho en la escuela.
4. ______________________ helados en la heladería del barrio.
5. ______________________ chocolate con churros.
6. ______________________ a todos mis vecinos.
7. ______________________ temprano de casa para ir a la escuela.
8. ______________________ muchos amigos en mi barrio.
9. ______________________ hasta las once los fines de semana.

2 **a** **Completa el crucigrama con las formas de ser, ir y ver en pretérito imperfecto. Apunta luego las formas que faltan.**

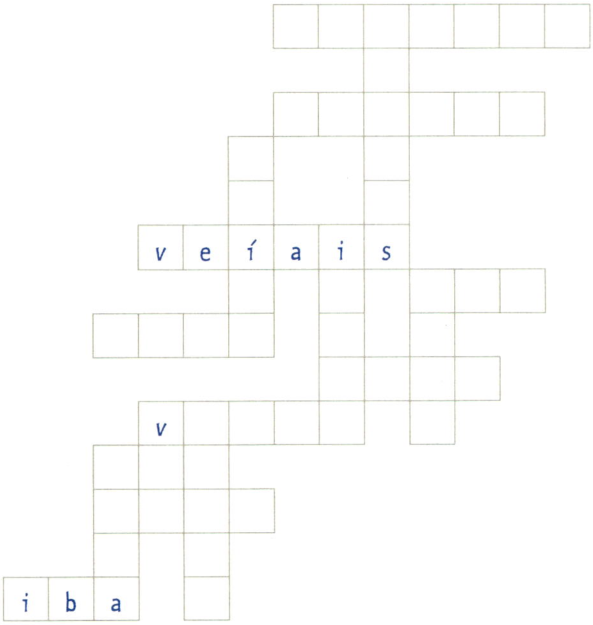

ser:
____
____

ir:
____
____

ver:
____
____

b **Mira las formas que faltaban ¿De qué personas se trata? ¿Cómo las puedes diferenciar?**

____

3 Marcelo cuenta de la vida de su abuelo en Cali. Completa el texto con los verbos en pretérito imperfecto.

Fotolia / nehopelon

Mi familia y yo vivimos en Cali, Colombia. Somos seis personas: mis padres, mis dos hermanas menores, mi abuelo Fernando y yo. Los domingos comemos todos juntos y el abuelo nos cuenta cómo ______________ (*ser*) la vida antes.

Cuando él ______________ (*ser*) niño, su vida ______________ (*ser*) diferente. Él y su familia ______________ (*vivir*) en una casa pequeña aquí en Cali. Mi abuelo ______________ (*levantarse*) temprano e ______________ (*ir*) a la escuela. Su madre ______________ (*hacer*) arepas para desayunar y mi abuelo Fernando ______________ (*ponerse*) muy contento, porque a él le ______________ (*encantar*) desayunar con arepas cuando niño. En aquellos años no ______________ (*haber*) internet y la gente no ______________ (*tener*) móviles. Por eso cuando mi abuelo ______________ (*querer*) quedar con sus amigos, ______________ (*pasar*) por sus casas a buscarlos. Todos ______________ (*jugar*) en el parque o en la calle. ¡No ______________ (*ser*) peligroso!

Cali también ______________ (*ser*) muy diferente…, pero no necesariamente mejor. La madre de mi abuelo ______________ (*trabajar*) casi diez horas al día y no ______________ (*recibir*) tanto dinero como hoy. Mi abuelo ______________ (*poder*) ir a la escuela, pero sus hermanas no. Ellas ______________ (*tener*) que quedarse en casa o trabajar. El metro de la ciudad no ______________ (*funcionar*) y los jóvenes no ______________ (*tener*) dinero para ir a conciertos, al cine o a tomar algo con sus amigos.

Mi abuelo Fernando cree que hoy en día los jóvenes tenemos mejores opciones… ¡y yo también!

facultativo

b Lee el texto otra vez y relaciona las frases con las personas que corresponden.

el abuelo Fernando 1
la madre del abuelo 2
las hermanas del abuelo 3

a levantarse temprano
b hacer arepas para desayunar
c desayunar con arepas
d pasar por casa de los amigos
e trabajar casi diez horas
f ir a la escuela
g quedarse en casa o trabajar

4 **Escucha los verbos en presente y apunta la forma en pretérito imperfecto.**

9

Ejemplo: escuchas «estáis» y después apuntas: *estar*: estabais

1. *ir*: ______
2. *ser*: ______
3. *hacer*: ______
4. *comer*: ______
5. *saber*: ______
6. *estar*: ______
7. *venir*: ______
8. *tener*: ______
9. *aprender*: ______
10. *construir*: ______
11. *jugar*: ______
12. *decir*: ______
13. *poder*: ______
14. *saber*: ______
15. *decir*: ______
16. *querer*: ______
17. *hacer*: ______
18. *ser*: ______
19. *escribir*: ______
20. *ser*: ______

El uso del pretérito indefinido y del pretérito imperfecto

5 **¿Pretérito indefinido o pretérito imperfecto? Ordena los marcadores temporales en la columna que corresponde.**

antes ayer un día mientras en aquellos años poco después
el año pasado todos los días siempre la semana pasada
en el pasado de repente normalmente en ese momento

pretérito indefinido	pretérito imperfecto

8

6 **¿Pretérito indefinido o pretérito imperfecto? Lee las frases y marca con una cruz la forma correcta de los verbos.**

1. La semana pasada [...] una entrevista sobre el turismo en Andalucía.
   - [ ] leí
   - [ ] leo
   - [ ] leía
2. Antes las personas de la región no [...] tanto en cuidar el medioambiente.
   - [ ] piensan
   - [ ] pensaron
   - [ ] pensaban
3. En aquellos años ellos [...] grandes hoteles por toda la costa.
   - [ ] construimos
   - [ ] construían
   - [ ] construyeron
4. Por suerte, con el turismo sustentable de repente todo [...].
   - [ ] cambio
   - [ ] cambió
   - [ ] cambiaba
5. Normalmente, los hoteles [...] las toallas cada día.
   - [ ] cambian
   - [ ] cambiaron
   - [ ] cambiaban
6. Un día, los hoteles y el gobierno de Andalucía [...] a pensar diferente.
   - [ ] empezasteis
   - [ ] empezaron
   - [ ] empezaban
7. Antes, para mucha gente la economía [...] más importante que el medioambiente.
   - [ ] es
   - [ ] fue
   - [ ] era
8. El año pasado, sin embargo, [...] muchos cambios y esperamos más en el futuro.
   - [ ] hay
   - [ ] hubo
   - [ ] había

7 **a** **Héctor cuenta de su infancia en el pueblo. Completa el texto con los verbos en pretérito indefinido o pretérito imperfecto.**

Fotolia / federico igeal

En el pasado mi familia y yo ______________ (*vivir*) en un pueblo pequeño. En aquellos años todos mis amigos y yo ______________ (*jugar*) en la calle, porque no ______________ (*haber*) muchos coches[1]. Un día mi padre ______________ (*llegar*) a casa con su primer coche nuevo. ______________ (*ser*) una gran sorpresa para todos. El coche ______________ (*ser*) de color rojo y ______________ (*tener*) asientos de cuero. Cuando ______________ (*hacer*) calor, con mis amigos ______________ (*quedar*) en la plaza y mi madre siempre me ______________ (*dar*) un poco de dinero para un helado. En aquel entonces con poco dinero ______________ (*poder / tú*) comprar muchas cosas. Por las tardes, en casa, mientras mi madre ______________ (*preparar*) la cena, mis hermanos y yo

_______________ (*hacer*) los deberes y _______________ (*estudiar*) para el instituto. Después, como todas las noches, _______________ (*comer*) todos juntos y _______________ (*charlar*) sobre las cosas del día.

De repente todo _______________ (*cambiar*). Una empresa _______________ (*ofrecer*) a papá un mejor trabajo en la ciudad y _______________ (*irse* / nosotros) del pueblo. En ese momento, la situación no me _______________ (*gustar*) para nada. Cuando niño yo no _______________ (*querer*) irme del pueblo. Pero poco después _______________ (*adaptarse*) a la ciudad.

El año pasado mis hermanos y yo _______________ (*ir*) de visita otra vez al pueblo. Allí _______________ (*encontrar* / yo) otra vez a Carmen, una amiga de aquellos años. La semana pasada ella me _______________ (*escribir*) un mensaje. Ahora también vive aquí en nuestra ciudad. Ayer Carmen y yo _______________ (*salir*) a bailar. ¡_______________ (*ser*) una noche estupenda! Antes _______________ (*ser*) muy bonito estar con Carmen, pero ahora... ¡creo que es mejor!

1 el coche das Auto

facultativo

b Contesta las preguntas con las informaciones del texto.

1. ¿Qué hacía Héctor cuando era niño? Apunta cinco cosas.
   a. _______________
   b. _______________
   c. _______________
   d. _______________
   e. _______________
2. ¿Por qué él y su familia viven ahora en la ciudad?
   ____
   ____
3. ¿A quién vio hace poco? ¿Qué hicieron?
   ____
   ____

8

El pretérito indefinido y el pretérito imperfecto en la frase

8 a Joaquín y su viaje a Málaga. Lee las frases y subraya la forma correcta del verbo.

1. De repente **hubo** / **había** una tormenta…
2. Como **fue** / **era** verano, **hizo** / **hacía** mucho calor…
3. En ese momento **llegó** / **llegaba** el director del hotel y nos **ayudó** / **ayudaba**…
4. En la habitación, al principio **tuve** / **tenía** problemas…
5. ¡Uf! ¡Volar[1] no me gusta nada! Y el viaje de ayer **fue** / **era** fatal…
6. Mientras **estuve** / **estaba** en la playa, …
7. Después de desayunar me **fui** / **iba** a la playa…
8. **Era** / **Fue** muy tarde, cuando finalmente **llegamos** / **llegábamos** al hotel…
9. Al día siguiente **hablé** / **hablaba** con la chica de la recepción…
10. Por suerte, el viaje de regreso[2] **estuvo** / **estaba** tranquilo…

1 **volar (o → ue)** fliegen 2 **el regreso** die Rückkehr

b Joaquín cuanta de su viaje a Málaga. Completa las frases de Joaquín con las frases que corresponden del ejercicio 8a.

1. ______________________________

porque en el aeropuerto[1] hacía mal tiempo.

2. ______________________________

y la avioneta tuvo que hacer un aterrizaje de emergencia[2].

3. ______________________________

y en la recepción del hotel no había nadie.

4. ______________________________

porque no podíamos entrar al hotel.

5. ______________________________

porque el aire acondicionado no funcionaba.

6. ______________________________

y por la noche dormí muy mal.

7. ______________________________

y ella me ofreció cambiar de habitación.

8. ____

porque en Málaga hacía mucho sol.

9. ____

conocí a una chica muy guapa y simpática.

10. ____

y libre de tormentas y aterrizajes de emergencia.

1 **el aeropuerto** das Flughafen 2 **el aterrizaje de emergencia** die Notlandung

Los adverbios en *-mente*

9 a Transforma los adjetivos en adverbios en -mente.

1. real: ______________________
2. difícil: ______________________
3. cómodo/-a: ______________________
4. tranquilo/-a: ______________________
5. feliz: ______________________
6. fácil: ______________________
7. último/-a: ______________________
8. increíble: ______________________
9. libre: ______________________
10. claro/-a: ______________________

facultativo

b Transforma estos adjetivos desconocidos en adverbios en -mente.

1. pacífico/-a: ______________________
2. frecuente: ______________________
3. sorpresivo/-a: ______________________
4. absoluto/-a: ______________________
5. mental: ______________________
6. rápido/-a: ______________________

c Andrea cuenta de sus clases. Mira los adverbios del ejercicio 9a y completa el texto con los que corresponden. Atención: no tienes que usar todos.

A mí, Química ______________________ no me gusta, pero la señora Catalina, la profe, es simpatiquísima. Además, ella explica los temas ______________________ y por eso yo comprendo todo ______________________. Cuando tengo examen, me gusta ir a la biblioteca. Allí hay unas sillas grandes en las que puedo sentarme[1] ______________________ y estudio. Eso sí, cuando voy a la biblioteca llego temprano, porque si llego tarde ______________________ encuentro un sitio libre. Después de estudiar hago deporte y al final del día me voy a casa ______________________ y sin apurarme.

1 **sentarse (i → ie)** sich setzen

8

Vocabulario

1 **¿Qué va con qué? Relaciona sustantivos y adjetivos y completa el texto.**

sustantivos	adjetivos
la profesión, el horario, la jornada, el punto, la vida, el/la jefe/-a, el salario, el/la técnico/-a	privado/-a, propio/-a, superior, laboral, fuerte, medio/-a, adecuado/-a, ideal

Mariana cree que ______________________ para ella es la mecánica de coches. Cuando terminó la ESO, Josefina empezó una FP para ser ______________________ en administración y finanzas, pero su ______________________ no es el trabajo en una oficina. Ella quiere trabajar en un taller con otros compañeros, pero sin jefe. Ella quiere ser su ______________________. Además, el ______________________ en el taller es claro: empieza a las diez y termina a las seis. Aunque también puede trabajar menos: en el taller le ofrecen una ______________________ entre las nueve y la una. Con esta opción gana un ______________________ y disfruta más su ______________________ en casa o con amigos.

2 **¿Qué tiempo hace? Conjuga los verbos y relaciónalos con las palabras, si es necesario.**

haber *estar* *llover* *hacer*	frío nieve calor 20 grados sol tormentas nublado

1 
____
____

2 

____
____

3 
____
____

4 
____
____

5 
____
____

6 
____
____

7 
____
____

8 
____
____

Gramática

3 **Enrique busca una práctica. Completa el mensaje de Jaime con las formas impersonales de los verbos.**

Hola Enrique:

¿Qué tal? Oye, en la empresa de mi madre ______________ (*ofrecer*) prácticas por seis meses. Durante los primeros tres meses ______________ (*dedicarse*) a las finanzas y luego a la estadística. ¡Solo ______________ (*necesitar*) conocimientos básicos de inglés! ______________ (*presentarse*) con currículum y carta de presentación. La presentación ______________ (*poder*) mandar por e-mail. ¡Apúrate!, que estas prácticas ______________ (*pagar*) bien.

Saludos. Jaime.

4 **Lee el diálogo y subraya las preposiciones correctas. Marca "Ø" si no necesitas una preposición.**

–Oye Mariana, ¿de / a / Ø qué te dedicas?

–Soy mecánica de / a / Ø coches, ¿y tú José? ¿Estudias o trabajas?

–Estudio en / por / Ø el instituto y me gustaría ser diseñador web. Me resulta fácil de / a / Ø la informática y mi fuerte es de / con / Ø la programación. Y tú, ¿eras buena en / a / Ø Informática?

–Para nada. En el instituto tuve dificultades de / con / Ø esa asignatura. Yo me intereso más de / por / Ø las cosas prácticas y mecánicas. Pero puedes hablar de / con / Ø mi hermana. A / Para / Ø ella los ordenadores son geniales.

5 **Lee las frases y marca con una cruz el marcador temporal que corresponde.**

1. Como mis tíos viven en Perú, [...] no los veía mucho.
   - ☐ ayer ☐ antes ☐ mañana
2. [...] fui a visitar a mis tíos a Perú.
   - ☐ El año pasado ☐ La próxima semana ☐ Todos los días
3. En Lima probé [...] el ceviche y me gustó muchísimo.
   - ☐ normalmente ☐ un día ☐ siempre
4. [...] visité Machu Picchu y [...] el lago Titicaca.
   - ☐ Primero / después ☐ Mientras / siempre ☐ Antes / mañana
5. [...] hacía mucho calor en Cuzco.
   - ☐ En aquel entonces ☐ De repente ☐ Poco después
6. [...] estaba en Perú, me levantaba [...] tarde.
   - ☐ De repente / luego ☐ Mientras / normalmente ☐ Ayer / un día

6 **El día de Lorena. Completa el texto con los verbos en pretérito indefinido o pretérito imperfecto.**

Ayer ______________ (*venir*) Teresa y Luis de visita. ______________ (*llegar*) a las dos de la tarde a la estación de tren. A las tres ______________ (*ir*) al centro y después, como ______________ (*hacer*) buen tiempo, ______________ (*ir*) a la playa. Además, desde hace tiempo yo ______________ (*querer*) probar un bar nuevo cerca de la playa. Los tres ______________ (*comer*) paella. ¡______________ (*estar*) riquísima!

Por la noche todos ______________ (*ir*) al cine y ______________ (*ver*) una película genial. En la peli ______________ (*haber*) dos chicas que ______________ (*estudiar*) juntas en un instituto y ______________ (*tener*) muchos problemas con los profes. ¡La peli me ______________ (*parecer*) muy divertida!

Mientras ______________ (*estar*) en el cine, ______________ (*recibir*) un mensaje de Carlos. Carlos ______________ (*querer*) salir a bailar, pero yo no ______________ (*poder*), porque ______________ (*estar*) en el cine con Teresa y Luis. Después de la película yo le ______________ (*escribir*) un mensaje.

Al final, Teresa, Luis y yo ______________ (*ir*) a tomar algo en un bar y Carlos también ______________ (*llegar*). Carlos y yo ______________ (*charlar*) mucho.

¡______________ (*ser*) genial!

7 **Pon las frases en pretérito indefinido y/o pretérito imperfecto según corresponde.**

1. Esta semana vamos a esquiar a la montaña, porque hay nieve.

   La semana pasada ____

   ____.

2. Mientras preparo la presentación para Historia, tú practicas para tu entrevista.

   En aquellos días ____

   ____.

3. Normalmente cuando llega Juan, salimos de casa.

   En el pasado ____

   ____.

4. Es una noche tranquila, hace calor y de repente llueve y hay tormenta.

   ____

   ____.

Conocimiento global

8 **Completa el texto con las letras que faltan.**

Im Text stehen einige Wörter nur zur Hälfte. Hat das Wort eine ungerade Buchstabenzahl, fehlt ein Buchstabe mehr als die Hälfte. Das heißt, wenn z.B. drei Buchstaben vor einer Lücke stehen, musst du noch drei Buchstaben ergänzen oder maximal vier. Aber niemals weniger oder mehr als das!

Gabriel García Márquez

Gabriel García Márquez es uno de los escri________ más famosos y más impor________ de Latinoamérica. Nació[1] en 1927 en Aracataca, Colombia y tu________ diez herm________.

García Márquez estudió derecho[2] en la Universidad Nacional de Colombia, porque e________ el sueño de s________ padres. Pero a él esa prof________ no le gus________ y realmente se inter________ más por la liter________.

En 1954 emp________ a trab________ como perio________ en Colombia. Algunos añ________ más tarde vi________ a diferentes paí________ y ciud________ del mu________ también por su tra________.

En 1967 García Márquez escr________ el libro «Cien años de soledad»[3]. Así emp________ su vida lab________ como escr________ profesional. Con más de 30 millones de ejemplares este li________ tuvo mu________ éxito. Además, con Gabriel García Márquez empezó tam________ el «Realismo Mágico», un estilo de la liter________ donde la realidad y la magia van juntas por u________ mismo cam________. En 1982 Gabriel García Márquez rec________ el Premio Nobel de Literatura y murió[4] en 2014 en México.

Todas las pers________ que le________ sus lib________ se divi________, se info________, se sorpr________, aprenden y disf________ de u________ lengua ale________, fuerte, eleg________ y a veces tri________. S________ estilo es gen________ y s________ temas son fenom________. Leer a Gabriel García Márquez es u________ experiencia ún________.

1 **nacer (c → zc)** geboren werden
2 **el derecho** das Recht *Studiengang*
3 **«Cien años de soledad»** «Hundert Jahre Einsamkeit»
4 **morir (o → ue)** sterben

1 Der *subjuntivo* | El *subjuntivo*

Me gusta Estoy triste de Estoy contento/-a de	que	vengas.
Quiero Espero Prefiero	que	vengan mañana.
No creo No pienso	que	vengan mañana.

Wenn man Gefühle, (z. B. Freude, Ärger, Angst) oder Willen (z. B. Wunsch, Verlangen, Empfehlung) ausdrücken will, steht der *subjuntivo*.
Auch nach verneinten Verben des Denkens und Sagens steht der *subjuntivo*.

⚠ **Creo que** llega tarde.
⚠ **Pienso que** es mejor así.

Wenn diese Verben nicht verneint sind, steht das Verb im Nebensatz im Indikativ.

1 equivocarse sich irren

1. Enrique **espera** viajar pronto a la playa.
2. Enrique **espera que** sus amigos *viajen* con él.

¡OJO! Wenn im Haupt- und im Nebensatz dasselbe Subjekt steht, benutzt man den Infinitiv (vgl. Satz 1). Handelt es sich um zwei verschiedene Subjekte, steht der *subjuntivo* (vgl. Satz 2).

1.1 Regelmäßige Verben | Verbos regulares

		tom-ar	com-er	viv-ir
Singular	1.	tom-e	com-a	viv-a
	2.	tom-es	com-as	viv-as
	3.	tom-e	com-a	viv-a
Plural	1.	tom-emos	com-amos	viv-amos
	2.	tom-éis	com-áis	viv-áis
	3.	tom-en	com-an	viv-an

Alle Formen des *presente de subjuntivo* leiten sich aus der **1. Person Singular Präsens** (des Indikativs) ab. Die **1. und 3. Person Singular** haben immer **dieselbe Endung**. Welche Form gemeint ist, kannst du nur aus dem Zusammenhang erkennen.
Die Endungen der Verben auf *-er* und *-ir* sind **gleich**.

Hoy tomo el tren del medio día, pero Juan espera que tome el tren de la mañana.
–¿Comemos juntos hoy? –No, Juan quiere que comamos juntos mañana.
Vivimos en la ciudad, pero Juan prefiere que vivamos en el campo.

Im *presente de subjuntivo* werden die Endungen der Verben aus dem Indikativ quasi vertauscht, denn in den Endungen der Verben auf *-ar* wird das *a* zu *e* und in den Endungen der Verben auf *-er* und *-ir* werden das *e* und *i* zu *a*.

1.2 Verben mit unregelmäßiger 1. Person Singular | Verbos irregulares en la 1. Persona Singular

Infinitiv	1. P. Sg. (Indikativ)	*subjuntivo*
tener	**teng-o**	teng-a, teng-as, …
poner	**pong-o**	pong-a, pong-as, …
decir	**dig-o**	dig-a, dig-as, …
hacer	**hag-o**	hag-a, hag-as, …
venir	**veng-o**	veng-a, veng-as, …
traer	**traig-o**	traig-a, traig-as, …
conocer	**conozc-o**	conozc-a, conozc-as, …
construir	**construy-o**	construy-a, construy-as, …

Da sich die Formen des *subjuntivo* aus der 1. Person Präsens des Indikativs ableiten, ist es wichtig, die **Verben mit unregelmäßiger 1. Person Singular** zu kennen und ggf. zu wiederholen.

1.3 Verben mit Stammvokalwechsel | Verbos con cambio vocálico en la raíz

Infinitiv		pensar (e → ie)	poder (o → ue)	pedir (e → i)
Indikativ Singular	1.	pienso	puedo	pido
Indikativ Plural	2.	pensamos	podemos	pedimos
	3.	pensáis	podéis	pedís
subjuntivo Singular	1.	piense	pueda	pida
	2.	pienses	puedas	pidas
	3.	piense	pueda	pida
subjuntivo Plural	1.	pensemos	podamos	pidamos
	2.	penséis	podáis	pidáis
	3.	piensen	puedan	pidan
Ebenso:		empezar nevar querer entender	acostar(se) costar encontrar probar llover	repetir seguir

Bei den **Verben mit Stammvokalwechsel** von ***e → ie***, ***o → ue*** **und** ***u → ue*** (► S. 16/1 und S. 19/8) bleibt der Stammvokal in der **1. und 2. Person Plural** wie beim Indikativ Präsens erhalten.

¡OJO! **Verben mit Stammvokalwechsel von** (*e → i*) wechseln in der **1. und 2. Person Plural** hingegen nicht zurück zum Stammvokal.
► S. 47/10

1.4 Verben mit unregelmäßigen Formen | Verbos con formes irregulares

		ser	estar	saber
Singular	1.	sea	esté	sepa
	2.	seas	estés	sepas
	3.	sea	esté	sepa
Plural	1.	seamos	estemos	sepamos
	2.	seáis	estéis	sepáis
	3.	sean	estén	sepan

LERNTIPP Lerne diese Formen auswendig, denn sie lassen sich nicht ableiten.

		ir	haber	dar
Singular	1.	vaya	haya	dé
	2.	vayas	hayas	des
	3.	vaya	haya	dé
Plural	1.	vayamos	hayamos	demos
	2.	vayáis	hayáis	deis
	3.	vayan	hayan	den

¡OJO! Die 1. und 3. Person Singular von *dar* (*dé*) bekommt einen Akzent, um sie von der Präposition *de* zu unterscheiden.

► La acentuación, p. 128

2 Der *subjuntivo* nach unpersönlichen Ausdrücken | El subjuntivo con expresiones impersonales

Es	normal bueno/malo mejor necesario importante	que lo sepa.

Der *subjuntivo* steht nach unpersönlichen Ausdrücken des folgenden Musters:
es + Adjektiv + ***que***

3 Der verneinte Imperativ | El imperativo negativo

¡No olvides hacer tus deberes!
Por favor, no habléis mal de mis amigos.
No tengáis miedo de lo diferente.

Um zu sagen, dass jemand etwas nicht tun oder sein lassen soll, verwendest du den verneinten Imperativ.

	(tú)	(vosotros/-as)
-ar	no tomes	no toméis
-er	no comas	no comáis
-ir	no escribas	no escribáis

Für den verneinten Imperativ werden im Spanischen die Formen des *subjuntivo* verwendet. ► S. 108/1

Ejercicios

El subjuntivo

1 a Encuentra los verbos en la serpiente de letras y ordena sus formas en las tablas.

arterecibáiscreativogratisrecibeleaspersonarecibimosrecibesestudiasrecibaestudiáis peroserioestudiachatrecibeleamosrecibenpáginarecibasquizásestudierecibosaludo leanrojaestudiandeberesrecibísestadioleoatrásestudiemosconsejozapatoleemos

indicativo			
[yo]			
[tú]			
[él/ella/usted]			
[nosotros/-as]			
[vosotros/-as]			
[ellos/-as / ustedes]			

subjuntivo			
[yo]			
[tú]			
[él/ella/usted]			
[nosotros/-as]			
[vosotros/-as]			
[ellos/-as / ustedes]			

b Completa la tabla con las formas que faltan.

2 a Apunta la primera persona singular del indicativo [yo] de cada verbo en presente.

1. tener: ________
2. poner: ________
3. hacer: ________
4. venir: ________
5. decir: ________
6. traer: ________
7. conocer: ________
8. construir: ________
9. seguir: ________

b Completa las frases con la forma correcta de los verbos de 2a en subjuntivo.

1. Queremos que ______________ más atención a los temas de igualdad y diversidad. ¡Tu opinión también es importante!
2. Espero que los jóvenes ______________ más oportunidades en el futuro.
3. Es importante que tú ______________ tus derechos como persona.
4. Es necesario que el gobierno ______________ más leyes para combatir la discriminación.
5. Es bueno que cada vez más jóvenes ______________ a compartir y a dialogar con otras personas.
6. Estoy muy contento de que todos nosotros ______________ juntos un mundo mejor.
7. Es malo que muchas personas no ______________ nada ante la intolerancia. ¡Hay que denunciarla!
8. El ejemplo del turismo tradicional no es bueno. ¡No lo ______________!
9. Es normal que la diversidad ______________ también diferentes opiniones. ¡Esa es su riqueza!

3 Completa el texto con la forma correcta de los verbos en subjuntivo.

dar *ir* *saber* *ser* *haber* *tener*

¡Sueño[1] con un mundo mejor!

Espero que en algunos años el mundo ______________ un lugar mejor para todos. Un lugar donde ______________ más opciones para los jóvenes. Quiero que en este mundo del futuro las personas ______________ qué posibilidades de éxito tienen. Un mundo donde el gobierno les ______________ los mismos derechos[2] a los hombres que a las mujeres. ¡Además quiero que todos nosotros ______________ paz[3]! Mi sueño es que la vida privada y la vida laboral ______________ por el mismo camino. ¿Podemos intentar construir un mundo así?

1 soñar (o → ue) träumen
2 el derecho das Recht
3 la paz der Frieden

El subjuntivo con expresiones impersonales

4 **¿Qué opinas? Contesta las preguntas como en el ejemplo.**

Ejemplo: La media jornada deja más tiempo para la vida privada. ¿Es malo?

(Sí, sí… / No, no) es malo que la media jornada deje más tiempo para la vida privada.

1. En algunas empresas las prácticas no se pagan. ¿Es normal?

   ______________________________.

2. En Alemania los impuestos son más altos que en España. ¿Es bueno?

   ______________________________.

3. En la pausa de medio día muchos compañeros van a un bar para comer. ¿Es malo?

   ______________________________.

4. Yo empiezo a trabajar a las nueve y termino a la una. ¿Es mejor?

   ______________________________.

5. Muchas personas trabajan hasta las ocho de la noche. ¿Es necesario?

   ______________________________.

6. Muchos jefes reciben el mismo dinero que sus empleados. ¿Es importante?

   ______________________________.

5 **Completa el texto con la forma correcta de los verbos en indicativo o en subjuntivo.**

Playa Limpia

Se busca voluntario para nuestro proyecto

En nuestro proyecto «Playa Limpia» creemos que todos nosotros ______________ (*ser*) responsables[1] de cuidar nuestras playas. Para disfrutar del medio ambiente, pensamos que todas las personas ______________ (*tener*) que respetarlo. Por eso, para nosotros es importante que los jóvenes de la región nos ______________ (*ayudar*) y ______________ (*trabajar*) en nuestro proyecto. ¿Y tú? ¿Crees también que cuidar la naturaleza ______________ (*ser*) importante? ¿Tú también deseas que este mundo ______________ (*ser*) mejor para todos? ¿Es importante para ti también que el turismo no ______________ (*destruir*) nuestras playas y que el gobierno ______________ (*cuidar*) nuestras costas? ¿Estás seguro de que ______________ (*poder*) y ______________ (*querer*) aprender cosas nuevas? ¿Piensas que es bueno que los jóvenes ______________ (*conocer*) a otros jóvenes de su región? Entonces ven y trabaja como voluntario en nuestro proyecto. ¡Te esperamos!

1 **responsable de** verantwortlich für

6 **Escucha y cuenta lo que las personas quieren, desean o necesitan. Completa las frases con al menos dos cosas que dicen.**

10

1. a) El padre de Verónica quiere que ella ______________________________

______________________________.

b) Verónica quiere que su padre ______________________________

______________________________.

11

2. a) Doña Leticia necesita que Mario ______________________________

____

______________________________.

b) Para doña Leticia es importante que Mario ______________________________

____

______________________________.

12

3. a) Para Ernesto Carvajal es importante que los vecinos del barrio de San Martín ______________________________

____

______________________________.

b) Ernesto Carvajal desea que ______________________________

____

______________________________.

El imperativo negativo

7 **Completa los consejos con los verbos correctos y el imperativo negativo.**

trabajar *ir* *juzgar*[1] *destruir* *decir* *sacar* *pensar* *olvidar*[2]

1. ______________________ las cosas buenas de la vida.
2. ______________________ a las personas sin conocerlas.
3. ______________________ solo sin ayudar a nadie.
4. ______________________ solo en ti.
5. ______________________ el medio ambiente.
6. ______________________ cosas feas a tus amigos.
7. ______________________ a sitios peligrosos[3].
8. ______________________ malas notas.

1 juzgar *hier* beurteilen
2 olvidar vergessen
3 peligroso/-a gefährlich

8 **Completa el diálogo con las formas del imperativo afirmativo o negativo. Pon atención a los pronombres de complemento directo y/o indirecto.**

Julio: Hola amor, ¿cómo estás?... ¿Qué pasa? ¿Por qué esa cara?

Marta: No me ________________ (*decir*) amor y no me ________________ (*preguntar*) cómo estoy, porque estoy muy enfadada[1] contigo.

Julio: Pero, Marta, ¿qué pasa? ________________ (*decirme*) qué hice, porque no lo sé.

Marta: ¡¿Ah no?! ________________ (*preguntarle*) a Rosario.

Julio: ¿A Rosario? ¿Y qué tengo que preguntarle a tu amiga Rosario?

Marta: Tú estabas ayer en la biblioteca con otra chica, ¿verdad? ¡Y no ________________ (*mentirme*)[2]! ¡Rosario te vio! Estabas hablando con una chica muy guapa. Después me llamó por teléfono y me lo contó todo.

Julio: Sí, es verdad. Estaba allí con una chica: con Cecilia, mi prima y la novia de mi amigo Ramón. Así que no ________________ (*creer*) todo lo que te dice esa «amiguita». Y Marta, si tú tienes una pregunta, entonces ________________ (*preguntarme*), ________________ (*llamarme*), ________________ (*hablar*) conmigo, pero no ________________ (*escuchar*) las historias de tus amigas tontas[3].

Marta: No ________________ (*decirle*) tonta a Rosario. Ella es mi mejor amiga.

Julio: ¡Vale! Pero yo soy tu novio. Así que ________________ (*creerme*) a mí y no a ella.

Marta: Bueno, bueno, está bien. Te creo, ya está.

Julio: Muy bien y no ________________ (*ponerte*) tan celosa[4] y ahora ________________ (*venir*) aquí y ________________ (*darme*) un beso.

Marta: Ay Julio…, no ________________ (*ser*) así…

1 estar enfadado/-a con alguien jdm böse sein
2 mentir (e → ie) lügen
3 tonto/-a dumm
4 celoso/-a eifersüchtig

1 Das Konditional | El condicional

Deberíamos comprar productos de comercio justo.
Yo, en tu lugar, no los **compraría**.
Me **gustaría** trabajar en otro país.
¿**Podrías** ayudarme?

Mit dem Konditional kann man eine Möglichkeit oder eine höfliche Bitte ausdrücken.

		hablar	comer	vivir
Singular	1.	hablar-**ía**	comer-**ía**	vivir-**ía**
	2.	hablar-**ías**	comer-**ías**	vivir-**ías**
	3.	hablar-**ía**	comer-**ía**	vivir-**ía**
Plural	1.	hablar-**íamos**	comer-**íamos**	vivir-**íamos**
	2.	hablar-**íais**	comer-**íais**	vivir-**íais**
	3.	hablar-**ían**	comer-**ían**	vivir-**ían**

Die Endungen des *condicional* sind für alle Verbgruppen (*-ar*, *-er*, *-ir*) gleich. Alle Formen sind endungsbetont.
Bei den regelmäßigen Verben werden die Endungen immer an den Infinitiv angehängt.

Según comprendí la semana pasada, Miguel **viviría** en Lima y tú **te quedarías** en Berlín.
No, no… yo **viviría** en Lima y Miguel **se quedaría** en Berlín.

Die 1. und 3. Person Singular des *condicional* sind formgleich. Nur durch den Zusammenhang kannst du erkennen, um welche Form es sich handelt.

1.1 Unregelmäßige Konditionalformen | Formas irregulares en condicional

hacer	**haría…**	saber	**sabría…**
decir	**diría…**	salir	**saldría…**
querer	**querría…**	tener	**tendría…**
poder	**podría…**	venir	**vendría…**
poner	**pondría…**	haber	**habría…**

Im *condicional* gibt es eine kleine Anzahl unregelmäßiger Verben, deren Formen nicht mit dem Infinitiv gebildet werden.
Die Endungen sind aber dieselben wie bei den regelmäßigen Verben.

LERNTIPP Die unregelmäßigen Konditionalformen musst du einfach auswendig lernen.

APRENDER MEJOR LA GRAMÁTICA

Lege dir eine eigene Fehlerkartei an: Schreibe dazu die Regeln zu Fehlern, die du öfters machst, auf eine Karteikarte und ergänze ein Beispiel, das du dir gut merken kannst. Schreibe dir auch eine Erklärung dazu auf. Auf der Rückseite kannst du Beispielsätze mit Lücken ergänzen, mit denen du dich später kontrollieren kannst.

Ejercicios

El condicional

1 a Ordena la forma de los verbos en la tabla.

estudiaría *leerías* *leería* *escribiría* *estudiaríamos*
escribiría *escribirías* *estudiaríais* *leerían*

	estudiar	leer	escribir
[yo]	______	______	______
[tú]	______	______	______
[él/ella/usted]	______	______	______
[nosotros/-as]	______	______	______
[vosotros/-as]	______	______	______
[ellos/-as / ustedes]	______	______	______

b ¿Qué formas faltan? Completa la tabla.

2 Completa los diálogos con la forma correcta de los verbos en condicional.

1 *empezar* *hacer* *viajar* *comprar* *terminar* *dar* *ir*

–Oye, ¿y tú qué ______ con un millón de euros?

–¿Con un millón? Me ______ un coche, ______ a Latinoamérica con todos mis amigos y le ______ mucho dinero a mis padres.

–¿Y ______ el instituto?

–¡Por supuesto que sí! Y también ______ a la universidad o ______ una formación profesional. El dinero no es todo en la vida, ¿sabes?

2 *explicar* *hablar* *ser* *pedir* *poder* *preguntar* *estar* *decir* *querer*

–¿Qué te pasa? ¡Te veo fatal!

–Sí, estoy un poco mal. Es que la próxima semana tengo un examen y no comprendo nada.

–Pues yo que tú ______ con el profe y le ______ ayuda. Además, le ______ que no comprendo todo y le ______ si me puede dar unos ejercicios para practicar más.

–¿Sí? ¿Tú crees que ____________ bien preguntarle?

–Claro que sí. El profe es una persona muy amable y estoy seguro de que ____________ ayudarte. Y además, ¿quién más ____________ darte algunos consejos mejor que él? ¡Él es el profe!

–Nadie, claro está. ¡Su ayuda ____________ lo mejor!

3 Relaciona las frases y complétalas con la forma del verbo en condicional.

1 Con Comercio Justo, muchos trabajadores en el mundo

2 Muchas mujeres reciben menos dinero por su trabajo, pero en un mundo justo

3 Todavía hay mucha explotación laboral infantil, pero con mejores leyes

4 Con más comunicación entre las culturas

5 Con menos gastos en una ciudad

6 Con una mejor administración en las escuelas

a los beneficios[1] ____________ (*destinarse*) a más proyectos sociales.

b las personas ____________ (*respetar*) más la identidad cultural.

c ____________ (*recibir*) un mejor sueldo.

d los niños ____________ (*estar*) más seguros.

e más jóvenes ____________ (*tener*) acceso[2] a una mejor educación.

f ellas ____________ (*ganar*) lo mismo que los hombres.

1 el beneficio *hier*: der Gewinn 2 el acceso der Zugang

4 a Escucha a los chicos y apunta para cada consejo el número de la pregunta a la que corresponde. 13

☐ *poner* más atención en clase, *hacer* más ejercicios y *estudiar* más. También *ver* películas sin subtítulos[1] y *escuchar* música.

☐ *buscar* un trabajo nuevo o *cambiar* de empresa. Además, *hacer* algo diferente, por ejemplo, abrir una tienda en un centro comercial o *probar* una nueva formación profesional.

☐ *chatear* más y *conocer* a más gente en internet, *ir* a fiestas y también *participar* en algún taller en el centro cultural.

☐ *hacer* una presentación sobre la conquista de América. Para eso, *ir* a la biblioteca y *buscar* información allí.

☐ *decir* la verdad a tus padres o *pedir* ayuda a la profe. Ellos *poder* ayudar a tus hermanas a hablar.

☐ *empezar* en Cuzco, Perú. Luego *pasar* por Machu Picchu y Puno. Después *ir* a Lima en bus. De allí *salir* hacia Chile en avión y *viajar* por Chile y Argentina.

1 **el subtítulo** der Untertitel

13

b Escucha otra vez y formula los consejos para los chicos en condicional.

Yo que	tú él/ella vosotros/-as tus padres tus hermanas	+ condicional

1. ______________________________

2. ______________________________

3. ______________________________

4. ______________________________

5. ______________________________

6. ______________________________

1 Das Futur | El futuro

Yo creo que Javi **irá** a Alemania.
Ich glaube, dass Javi nach Deutschland gehen wird.

¡Ya lo **verás**! En cinco años **vivirá** con otra.
Du wirst schon sehen! In fünf Jahren wird er mit einer anderen leben.

Tendrá 30 años.
Er/Sie wird (wohl) 30 Jahre alt sein.

Das Futur wird vor allem für Vermutungen und Hypothesen verwendet.

		hablar	comer	vivir
Singular	1.	hablar-**é**	comer-**é**	vivir-**é**
	2.	hablar-**ás**	comer-**ás**	vivir-**ás**
	3.	hablar-**á**	comer-**á**	vivir-**á**
Plural	1.	hablar-**emos**	comer-**emos**	vivir-**emos**
	2.	hablar-**éis**	comer-**éis**	vivir-**éis**
	3.	hablar-**án**	comer-**án**	vivir-**án**

Die Endungen für das Futur werden an den Infinitiv angehängt und sind für alle Verbgruppen (*-ar*, *-er* und *-ir*) gleich.
Alle Formen sind endungsbetont.

¡OJO! Außer in der 1. Person Plural tragen alle Endungen des Futurs einen Akzent.

1.1 Unregelmäßige Futurformen | Formas irregulares en futuro

hacer	**haré…**	saber	**sabré…**
decir	**diré…**	salir	**saldré…**
querer	**querré…**	tener	**tendré…**
poder	**podré…**	venir	**vendré…**
poner	**pondré…**	haber	**habré…**

Im *futuro* gibt es eine kleine Anzahl unregelmäßiger Verben, deren Formen nicht mit dem Infinitiv gebildet werden. Es handelt sich um dieselben Verben wie beim *condicional*. ▶ S. 116/1
Die Endungen sind ebenfalls dieselben wie bei den regelmäßigen Verben.

LERNTIPP Die unregelmäßigen Futurformen musst du einfach auswendig lernen.

APRENDER MEJOR LA GRAMÁTICA

Suche dir eine/n Partner/in aus deiner Klasse und bildet zu zweit ein Tandem. Jede/r definiert für sich die Grammatikthemen, die euch Probleme bereiten bzw. wo ihr die meisten Fehler macht und notiert sie auf Zettel o. ä. Jede/r zieht nun ein Problemthema des anderen, schlägt es in der Grammatik nach und versucht es dem anderen zu erklären – vor allem mit praktischen Beispielen.

Ejercicios

El futuro

1 Completa el crucigrama con las formas correspondientes del futuro.

5▸ quisieron
6▸ leíamos
7▸ supisteis
8▸ estudiasteis
9▸ comiste

1▾ puse
2▾ jugábamos
3▾ construyó
4▾ tenías
10▾ salí

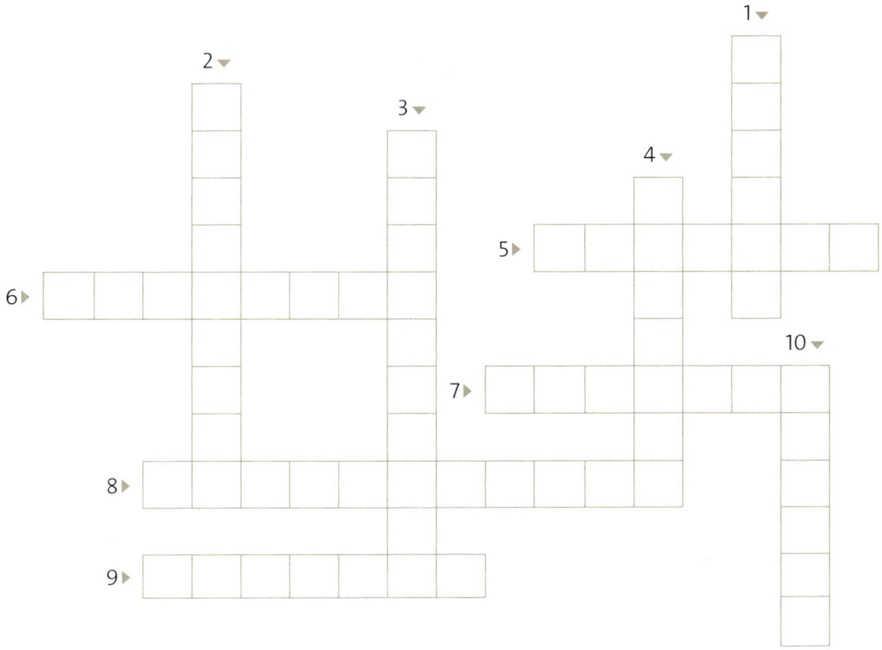

2 Elena piensa en el próximo verano con su familia. Escribe sus suposiciones con el futuro.

ir otra vez a la playa ≠ *buscar* un sitio nuevo
jugar todavía con nuestros primos ≠ *llevarse* mal
venir nuestros tíos también ≠ *pasar* el verano solos
querer Laura salir conmigo ≠ *preferir* quedarse en casa
comer en restaurantes ≠ *cocinar* en casa
~~volar en avión ≠ viajar en tren~~
visitar a Paula ≠ *quedarse* en casa
tener un nuevo novio ≠ *seguir* con Tomás

¿Qué haremos el próximo verano?

1. ¿Volaremos en avión o viajaremos en tren?
2. ______
3. ______
4. ______
5. ______
6. ______
7. ______
8. ______

3 Completa el texto con las frases y los verbos en futuro que corresponden.

tú *participar*	*levantarse* temprano, porque *tener*	*ser* muy feliz	*salir* más por las noches
poder combinar mejor su trabajo de media jornada	*ser* el propio jefe	*ayudar* a la gente	
tener mejores condiciones laborales y *ganar* más	tu hermano menor *viajar* mucho y *conocer*		
aprender más idiomas y *recibir* visitas			

Joaquín va donde Doña Carmín, una adivina[1] y ella lee su futuro en las cartas:

¡Escúchame bien! En el futuro __________ de tu empresa y las personas de tu empresa __________.

Por su parte, __________ en programas de voluntariado. De esta forma __________. Tus compañeros del instituto __________ mientras tu __________ mucho trabajo. Sin embargo, tu madre __________ con la familia. __________ países muy interesantes. Y juntos, vosotros __________ de todo el mundo. Definitivamente, ¡__________!

1 el/la adivino/-a der/die Wahrsager/in

4 ¿Cómo será el mundo en 200 años? Escucha las frases y escríbelas en futuro.

14

En 200 años…

1. __________
2. __________
3. __________
4. __________
5. __________

6. ______________________________

7. ______________________________

5 Mira los proyectos de los chicos. Elige uno y formas cinco frases en futuro.

La próxima semana los estudiantes del instituto tendrán una «Semana de Proyectos». Los profesores no saben qué presentarán sus estudiantes. Ahora encuentran las hojas de trabajo de cada grupo y ellos hacen hipótesis de lo que pasará durante la «Semana de Proyectos». Tú eres uno/una de los profesores. Formula hipótesis, usando las siguientes expresiones:

supongo que   seguro que   creo que   probablemente   todavía no está claro cómo

MUNDO – FUTURO – NOSOTROS – TODOS

- fundar un grupo de trabajo voluntario
- cuidar las playas y el medio ambiente
- salir a las calles para hablar con los jóvenes
- cambiar el estilo de vida, etc.

¡ONGente como TÚ!

- combatir la discriminación en el instituto
- orientar a los más jóvenes
- dar consejos y ayudar en las situaciones difíciles
- *... ¿qué más?

¡Tapásticas!

Las tapas más fantásticas del mundo

- tener una oferta muy grande
- hacer tapas diferentes (cocinar con carne, con pescado, con verduras... ¿poner chocolate también?)
- usar productos de la región
- ¡¡estar muy guay!!
- Preguntas abiertas: ¿cuánto cuesta? ¿dónde comprar? ¿quién? ¿cómo?

Proyecto: FP^2

Futuro Próximo

Formación Profesional

- hay ideas nuevas: tener un futuro con nuevas oportunidades
- poner las nuevas opciones a la vista de todos
- no esperar el futuro en la puerta... **¡ir a buscarlo!**
- invitar a jóvenes de empresas con éxito para una entrevista
- ¿Algo más? ¿invitar también orientadores laborales?

1. ______________________________

2. ______________________________

3. ______________________________

4. ______________________________

5. ______________________________

1 Das Perfekt | El pretérito perfecto

Todavía no	**he contestado** al mensaje de Carlos.
Esta semana	**he aprendido** un montón de cosas.
Hoy	**he subido** fotos a mi blog.
Nunca	**he faltado** a clases.

Das Geschehen in der Vergangenheit ist – zumindest aus der Sicht des Sprechers – noch nicht abgeschlossen. Häufig stehen beim *pretérito perfecto* Zeitangaben wie *hoy, esta semana, este mes/año, ya, todavía no, alguna vez, nunca*.

		haber	
Singular	1.	he	estudi-**ado**
	2.	has	com-**ido**
	3.	ha	sal-**ido**
Plural	1.	hemos	
	2.	habéis	
	3.	han	

Das *pretérito perfecto* wird aus einer konjugierten Form des Verbs *haber* im Präsens und dem Partizip des Hauptverbs gebildet.
Das Partizip wird aus dem Stamm des Verbs und der Endung *-ado* (bei den Verben auf *-ar*) oder *-ido* (bei den Verben auf *-er* und *-ir*) gebildet.

¡OJO! Die Partizipien mancher Verben tragen einen Akzent: *traer → traído; leer → leído; oír → oído*. Ohne Akzent würden die Vokale nicht getrennt voneinander gesprochen werden, sondern als Diphtong „ai", „ei" und „oi". ▶ Vocales y diptongos, p. 127

Me **he comprado** zapatos.
*Ich **habe** mir Schuhe **gekauft**.*
Ana no me **ha visto**.
*Ana **hat** mich nicht **gesehen**.*

Das Hilfsverb (*haber*) und das Partizip (hier: *comprado* und *visto*) bleiben immer zusammen. Pronomen (hier: *me*) oder das *no* der Verneinung stehen im Spanischen immer vor dem Hilfsverb.

1.1 Unregelmäßige Partizipien | Participos irregulares

ser	→	**sido**	decir	→	**dicho**
abrir	→	**abierto**	hacer	→	**hecho**
describir	→	**descrito**	romper	→	**roto**
escribir	→	**escrito**	ver	→	**visto**
poner	→	**puesto**	volver	→	**vuelto**

Einige Verben haben ein unregelmäßiges Partizip.

LERNTIPP Du musst die unregelmäßigen Partizipien auswendig lernen.

–Hoy **hemos roto** cinco vasos.
–¿Hemos...? **Has roto**, porque yo no **he sido**.

¡OJO! Das Partizip ist eine unveränderliche Form, die nicht angeglichen wird.

EL MUNDO DEL ESPAÑOL In einigen Fällen, in denen in Spanien das *pretérito perfecto* verwendet wird, benutzt man in Lateinamerika stattdessen das *pretérito indefinido*.

Spanien	Lateinamerika
Hoy me **he levantado** tarde.	Hoy me **levanté** tarde.
Esta noche **ha dormido** muy bien.	Esta noche **durmió** muy bien.
Ya **hemos hecho** nuestros deberes.	Ya **hicimos** nuestros deberes.

Ejercicios

El pretérito perfecto

1 a ¿Qué formas del verbo haber puedes colocar en el crucigrama?

b ¿Qué formas del verbo haber faltan?

____

2 ¿Cuáles son los participios de estos verbos? Escucha y completa.

15

1.				s			
2.		i					
3.		e					
4.					d		
5.		d					
6.						t	
7.			s				
8.	p						

9.				e			
10.		i					
11.			e				
12.		a					
13.	v						
14.				d			
15.				o			

3 Completa el diálogo con las formas de los verbos en pretérito perfecto.

Mauricio: ¡Hola Lorena! Oye, te veo fatal. ¿Te ______________ (*pasar*) algo hoy?

Lorena: Sí, mira, esta mañana ______________ (*levantarse*) muy temprano, ______________ (*ducharse*) y después ______________ (*salir*) muy apurada y ______________ (*llegar*) temprano a la oficina. Hasta ahí todo muy bien. Pero después… ______________ (*abrir*) mi programa de e-mails…

Mauricio: ¿Qué te ______________ (*encontrar*)? ¿Qué ______________ (*recibir*)?

Lorena: ¡Una montaña de e-mails! Pero me ______________ (*decir*) a mí misma: ¡Venga, Lore, es lunes y puedes trabajar! Entonces ______________ (*leer*) todos los e-mails y ______________ (*mandar*) un montón de respuestas. Hasta aquí, también todo bien. Pero a eso de las once y media ______________ (*venir*) mi jefe a mi oficina y me ______________ (*decir*) que tenemos un problema. Esta mañana, él y otros directores de la empresa ______________ (*tener*) una reunión. En ella ______________ (*hacer*) un nuevo plan para el proyecto de informática entre nuestra empresa en España y nuestra empresa en Alemania. Al final de la reunión mi jefe me ________________ (*informar*) que la próxima semana tengo que viajar a Bremen con él.

Mauricio: ¡Lore, pero esa es una noticia estupenda! ¿________________ (*estar*) alguna vez en Alemania?

Lorena: No, Mauri, yo nunca ________________ (*estar*) en Alemania, por eso estoy muy nerviosa. ________________ (*tomar*) cursos de alemán durante dos años. Pero durante todo este tiempo mis compañeros y yo solo ________________ (*practicar*) gramática, ________________ (*aprender*) vocabulario y ________________ (*ver*) algunos videos, pero nunca ________________ (*hablar*) con alemanes en una empresa.

Mauricio: ¡Venga Lore! Lo vas a hacer muy bien, estoy seguro.

4 **¿Qué han hecho los chicos esta mañana? Mira el dibujo y formula cuatro frases en pretérito perfecto.**

Esta mañana…

1. ____

____

2. ____

____

3. ____

____

4. ____

____

Aussprache und Betonung

1 Aussprache | La pronunciación

Die Aussprache ist im Spanischen sehr regelmäßig. Einige Buchstaben oder Buchstabenkombinationen werden aber anders ausgesprochen als im Deutschen.

Die Konsonanten | Las consonantes

[b]	**B**olivia, tam**b**ién, el **v**ecino	am Wortanfang oder nach Konsonanten wie deutsches **b**; man hört zwischen **b** und **v** keinen Unterschied
[β]	los de**b**eres, la ha**b**itación, nue**v**o	zwischen zwei Vokalen wie weiches **b**, das fast wie ein **w** klingt; man hört zwischen **b** und **v** keinen Unterschied
[θ]	Lu**c**ía, la **c**iudad, fran**c**és	**c** vor **e** und **i** wie **th** im Englischen: **bath**
[k]	**c**afé, po**c**o, es**c**uchar	**c** vor **a**, **o** und **u** wie **k** in **kilómetro**
[tʃ]	el **ch**ico	wie **tsch** in **klatschen**
[x]	la **g**ente, la pá**g**ina	**g** vor **e** und **i** wie **ch** in **machen**
[g]	la **g**orra, el in**g**lés, ale**g**re	vor allen anderen Buchstaben wie ein deutsches **g**
–	**h**ola, la **h**istoria	wird nicht ausgesprochen
[x]	el hi**j**o, el **j**ueves	wie **ch** in **machen**
[ʎ]	**ll**amar, a**ll**í, el ape**ll**ido	meist wie **j** in **Jacke**
[ɲ]	el espa**ñ**ol, ma**ñ**ana	wie **nj** in Injektion
[k]	**qu**erer, **qu**izás	wie **k** in **kilómetro**
[ɾ]	pe**r**o, el cent**r**o	wird mit der Zungenspitze gerollt
[r]	el **r**ío, la go**rr**a, la guita**rr**a	**r** am Wortanfang oder **rr** wird länger gerollt als das einfache **r**
[i]	**y**, vo**y**	alleinstehend oder am Wortende wie **i**
[ʝ]	**y**a, ¡o**y**e!	am Wortanfang oder zwischen zwei Vokalen wie **j** in **Jacke**
[θ]	el **z**apato, feli**z**	wie **th** im Englischen: **bath**

Vokale und Diphthonge | Vocales y diptongos

qué, Mi**gu**el, la **gu**itarra	Der Vokal **u** wird nach **q** und zwischen **g** und **e** bzw. **i** nicht ausgesprochen.
b**ai**lar, h**ay**, L**au**ra, b**ie**n, c**iu**dad, estud**ia**r, h**oy**, leng**ua**, b**ue**no, c**ui**dado	Vokale in Verbindung mit **i** oder **u** bilden einen Doppellaut (Diphthong), der wie eine Silbe gesprochen wird.
seis, **vei**nte	Die Vokale **e** und **i** bzw. **u** bilden einen Diphthong, wobei das **e** in etwa so klingt wie **e** in **Seismograph** bzw. **Drehung**.
euro	
el mus**eo**, el t**ea**tro	Wenn zwei aufeinander folgende Vokale **a**, **e** oder **o** sind, dann bilden sie zwei Silben (**mu-se-o**, **te-a-tro**).

Orthografie | Ortografía

llegar:	lle**gu**é, lle**g**aste	Vor allem in Verbkonjugationen ändert sich oft die Schreibung, um bei der Aussprache einen Laut zu erhalten.
seguir:	si**g**o, si**gu**es, se**gu**í, se**gu**iste	
coger:	co**j**o, co**g**es	
explicar:	expli**qu**é, expli**c**aste	
empezar:	empe**c**é, empe**z**aste	
construir:	constru**i**ste, constru**y**ó	
leer:	le**í**ste, le**y**ó	

2 Betonung und Akzent | La acentuación

pla-za ins-ti-**tu**-to	ha-**bla**-mos **vi**-ven	Wörter, die auf **-n**, **-s** oder Vokalen enden, werden auf der vorletzten Silbe betont.
le-**er** fe-no-me-**nal**	ho-**rror** fe-liz	Wörter, die auf einem Konsonanten (außer **-n** und **-s**) enden, werden auf der letzten Silbe betont.
fá-cil **mú**-si-ca ha-bi-ta-**ción**	es-cri-**bís** ha-**bláis**	Wörter, deren Betonung von diesen Regeln abweicht, haben einen Akzent auf der betonten Silbe.
¡**Qué** fenomenal! ¿**Cómo** te llamas? Me preguntan **cuándo** vuelvo.		Ausrufewörter und Fragewörter haben immer einen Akzent, auch in der indirekten Frage.
rí-o ca-fe-te-**rí**-a **dí**-a		Wenn **i** vor einem Vokal einen Akzent trägt, wird es als ganze Silbe gesprochen. Der Akzent verdeutlicht, dass das **i** und der folgende Vokal keinen Diphthong bilden.
la ha-bi-ta-**ción**, las ha-bi-ta-**cio**-nes el e-**xa**-men, los e-**xá**-me-nes ¡Le-**ván**-ta-te! Está du-**chán**-do-se.		Wegen der Betonungsregeln fällt bei einigen Wörtern der Akzent weg oder es wird ein Akzent hinzugefügt: – bei Singular/Plural; – bei angehängten Pronomen.

mi	mein/e/s	**a mí**	mir, mich	Bei einigen Wörtern ist der Akzent wichtig für die Bedeutung des Wortes.
tu	dein/e/s	**tú**	du	
se	sich	**sé**	ich weiß	
el	*Artikel*	**él**	er	
si	ob, wenn	**sí**	ja, doch	

Die Verben

1 Die Hilfsverben | Los verbos auxiliares

infinitivo	ser	estar	haber	¡OJO!
presente	**soy** **eres** **es** **somos** **sois** **son**	**estoy** **estás** **está** estamos estáis **están**	**he** **has** **ha** **hemos** habéis **han**	hay
pretérito indefinido	**fui** **fuiste** **fue** **fuimos** **fuisteis** **fueron**	**estuve** **estuviste** **estuvo** **estuvimos** **estuvisteis** **estuvieron**	**hube** **hubiste** **hubo** **hubimos** **hubisteis** **hubieron**	hubo
pretérito imperfecto	**era** **eras** **era** **eramos** **erais** **eran**	estaba estabas estaba estábamos estabais estaban	había habías había habíamos habíais habían	había
futuro simple	seré serás será seremos seréis serán	estaré estarás estará estaremos estaréis estarán	ha**b**ré ha**b**rás ha**b**rá ha**b**remos ha**b**réis ha**b**rán	habrá
condicional simple	sería serías sería seríamos seríais serían	estaría estarías estaría estaríamos estaríais estarían	ha**b**ría ha**b**rías ha**b**ría ha**b**ríamos ha**b**ríais ha**b**rían	habría
imperativo	**sé**, sed	**está**, estad	**he**, **habe**	
gerundio	**siendo**	est**ando**	habiendo	
participio	**sido**	est**ado**	habido	
presente de subjuntivo	**sea** **seas** **sea** **seamos** **seáis** **sean**	esté estés esté estemos estéis estén	**haya** **hayas** **haya** **hayamos** **hayáis** **hayan**	haya

2 Die regelmäßigen Verben auf *-ar/-er/-ir* | Los verbos regulares en *-ar/-er/-ir*

2.1 Verbos en *-ar*

infinitivo	**hablar**	¡OJO!
presente	habl**o** habl**as** habl**a** habl**amos** habl**áis** habl**an**	
pretérito indefinido	habl**é** habl**aste** habl**ó** habl**amos** habl**asteis** habl**aron**	**practicar:** practi**qu**é, practicaste… *ebenso:* **significar, buscar, tocar, explicar, sacar** **llegar:** lle**gu**é, llegaste… *ebenso:* **pagar, cargar** **cruzar:** cru**c**é, cruzaste…
pretérito imperfecto	habl**aba** habl**abas** habl**aba** habl**ábamos** habl**abais** habl**aban**	
futuro simple	hablar**é** hablar**ás** hablar**á** hablar**emos** hablar**éis** hablar**án**	
condicional simple	hablar**ía** hablar**ías** hablar**ía** hablar**íamos** hablar**íais** hablar**ían**	
imperativo	habl**a**, habla**d**	
gerundio	habl**ando**	
participio	habl**ado**	
presente de subjuntivo	habl**e** habl**es** habl**e** habl**emos** habl**éis** habl**en**	**practicar:** practi**qu**e, practi**qu**es… *ebenso:* **significar, buscar, tocar, explicar, sacar** **llegar:** lle**gu**e, lle**gu**es… *ebenso:* **pagar, cargar** **cruzar:** cru**c**e, cru**c**es…

2.2 Verbos en *-er*

2.3 Verbos en *-ir*

infinitivo	comer	¡OJO!	vivir	¡OJO!
presente	como comes come comemos coméis comen	recoger: recojo, recoges… *ebenso:* coger	vivo vives vive vivimos vivís viven	salir: salgo, sales…
pretérito indefinido	comí comiste comió comimos comisteis comieron	creer: creyó, creyeron leer: leyó, leyeron	viví viviste vivió vivimos vivisteis vivieron	
pretérito imperfecto	comía comías comía comíamos comíais comían		vivía vivías vivía vivíamos vivíais vivían	
futuro simple	comeré comerás comerá comeremos comeréis comerán		viviré vivirás vivirá viviremos viviréis vivirán	
condicional simple	comería comerías comería comeríamos comeríais comerían		viviría vivirías viviría viviríamos viviríais vivirían	
imperativo	come, comed		vive, vivid	salir: sal
gerundio	comiendo	creer: creyendo leer: leyendo	viviendo	
participio	comido		vivido	abrir: abierto escribir: escrito
presente de subjuntivo	coma comas coma comamos comáis coman	recoger: recoja, recojas… *ebenso:* coger	viva vivas viva vivamos viváis vivan	salir: salga, salgas

3 Die Gruppenverben | Los grupos de verbos

3.1 Verbos con diptongación: *e → ie*

infinitivo	**pensar**	¡OJO!	**entender**	¡OJO!
presente	pi**e**nso pi**e**nsas pi**e**nsa pensamos pensáis pi**e**nsan		ent**ie**ndo ent**ie**ndes ent**ie**nde entendemos entendéis ent**ie**nden	
pretérito indefinido	pensé pensaste pensó pensamos pensasteis pensaron	empezar: empecé, empezaste…	entendí entendiste entendió entendimos entendisteis entendieron	**preferir**: pref**i**rió, pref**i**rieron **querer**: **quise**, **quisiste**…
pretérito imperfecto	pensaba pensabas pensaba pensábamos pensabais pensaban		entendía entendías entendía entendíamos entendíais entendían	
futuro simple	pensaré pensarás pensará pensaremos pensaréis pensarán		entenderé entenderás entenderá entenderemos entenderéis entenderán	**querer**: que**rr**é, que**rr**ás…
condicional simple	pensaría pensarías pensaría pensaríamos pensaríais pensaría		entendería entenderías entendería entenderíamos entenderíais entenderían	**querer**: que**rr**ía, que**rr**ías…
imperativo	pi**e**nsa, pensad		ent**ie**nde, entended	
gerundio	pensando		entendiendo	**preferir**: pref**i**riendo
participio	pensado		entendido	
presente de subjuntivo	pi**e**nse pi**e**nses pi**e**nse pensemos penséis pi**e**nsen	**empezar:** emp**ie**ce, emp**ie**ces…	ent**ie**nda ent**ie**ndas ent**ie**nda entendamos entendáis ent**ie**ndan	**preferir**: pref**i**ramos, pref**i**ráis

3.2 Verbos con diptongación: *o* → *ue*

infinitivo	encontrar	llover	poder	dormir
presente	enc**ue**ntro enc**ue**ntras enc**ue**ntra encontramos encontráis enc**ue**ntran	ll**ue**ve	p**ue**do p**ue**des p**ue**den podemos podéis p**ue**den	d**ue**rmo d**ue**rmes d**ue**rme dormimos dormís d**ue**rmen
pretérito indefinido	encontré encontraste encontró encontramos encontrasteis encontraron	llovió	pude pudiste pudo pudimos pudisteis pudieron	dormí dormiste durmió dormimos dormisteis durmieron
pretérito imperfecto	encontraba encontrabas encontraba encontrábamos encontrabais encontraban	llovía	podía podías podía podíamos podíais podían	dormía dormías dormía dormíamos dormíais dormían
futuro simple	encontraré encontrarás encontrará encontraremos encontraréis encontrarán	lloverá	po**dr**é po**dr**ás po**dr**á po**dr**emos po**dr**éis po**dr**án	dormiré dormirás dormirá dormiremos dormiréis dormirán
condicional simple	encontraría encontrarías encontraría encontraríamos encontraríais encontrarían	llovería	po**dr**ía po**dr**ías po**dr**ía po**dr**íamos po**dr**íais po**dr**ían	dormiría dormirías dormiría dormiríamos dormiríais dormirían
imperativo	enc**ue**ntra, encontrad	ll**ue**ve, lloved	p**ue**de, poded	d**ue**rme, dormid
gerundio	encontrando	lloviendo	pudiendo	durmiendo
participio	encontrado	llovido	podido	dormido
presente de subjuntivo	enc**ue**ntre enc**ue**ntres enc**ue**ntre encontremos encontréis enc**ue**ntren	ll**ue**va	p**ue**da p**ue**das p**ue**da podamos podáis p**ue**dan	d**ue**rma d**ue**rmas d**ue**rma durmamos durmáis d**ue**rman

ebenso: acostar(se), contar, costar, probar

3.3 El verbo jugar: *u → ue*

3.4 Verbos con debilitación vocálica: *e → i*

infinitivo	**jugar**	**seguir**	¡OJO!
presente	**jue**go **jue**gas **jue**ga jugamos jugáis **jue**gan	sigo sigues sigue seguimos seguís siguen	**elegir:** elijo, eliges…
pretérito indefinido	jugué jugaste jugó jugamos jugasteis jugaron	seguí seguiste siguió seguimos seguisteis siguieron	
pretérito imperfecto	jugaba jugabas jugaba jugábamos jugabais jugaban	seguía seguías seguía seguíamos seguíais seguían	
futuro simple	jugaré jugarás jugará jugaremos jugaréis jugarán	seguiré seguirás seguirá seguiremos seguiréis seguirán	
condicional simple	jugaría jugarías jugaría jugaríamos jugaríais jugarían	seguiría seguirías seguiría seguiríamos seguiríais seguirían	
imperativo	**jue**ga, jugad	sigue, seguid	
gerundio	jugando	siguiendo	
participio	jugado	seguido	
presente de subjuntivo	**jue**gue **jue**gues **jue**gue juguemos juguéis **jue**guen	siga sigas siga sigamos sigáis sigan	**elegir:** elija, elijas…

ebenso: **pedir, repetir**

3.5 Verbos del tipo *conocer*: *c → zc*

3.6 Verbos del tipo *construir*: *i → y*

infinitivo	conocer	construir
presente	conozco conoces conoce conocemos conocéis conocen	construyo construyes construye construimos construís construyen
pretérito indefinido	conocí conociste conoció conocimos conocisteis conocieron	construí construiste construyó construimos construisteis construyeron
pretérito imperfecto	conocía conocías conocía conocíamos conocíais conocían	construía construías construía construíamos construíais construían
futuro simple	conoceré conocerás conocerá conoceremos conoceréis conocerán	construiré construirás construirá construiremos construiréis construirán
condicional simple	conocería conocerías conocería conoceríamos conoceríais conocerían	construiría construirías construiría construiríamos construiríais construirían
imperativo	conoce, conoced	construye, construid
gerundio	conociendo	construyendo
participio	conocido	construido
presente de subjuntivo	conozca conozcas conozca conozcamos conozcáis conozcan	construya construyas construya construyamos construyáis construyan
	ebenso: crecer, ofrecer, parecer	*ebenso:* destruir

4 Die unregelmäßigen Verben | Los verbos irregulares

infinitivo	**decir**	**hacer**	**ir**	**saber**	**venir**
presente	**digo**	**hago**	**voy**	**sé**	**vengo**
	dices	haces	**vas**	sabes	vienes
	dice	hace	**va**	sabe	viene
	decimos	hacemos	**vamos**	sabemos	venimos
	decís	hacéis	**vais**	sabéis	venís
	dicen	hacen	**van**	saben	vienen
pretérito indefinido	**dije**	**hice**	**fui**	**supe**	**vine**
	dijiste	**hiciste**	**fuiste**	**supiste**	**viniste**
	dijo	**hizo**	**fue**	**supo**	**vino**
	dijimos	**hicimos**	**fuimos**	**supimos**	**vinieron**
	dijisteis	**hicisteis**	**fuisteis**	**supisteis**	**vinisteis**
	dijeron	**hicieron**	**fueron**	**supieron**	**vinieron**
pretérito imperfecto	decía	hacía	**iba**	sabía	venía
	decías	hacías	**ibas**	sabías	venías
	decía	hacía	**iba**	sabía	venía
	decíamos	hacíamos	**íbamos**	sabíamos	veníamos
	decíais	hacíais	**ibais**	sabíais	veníais
	decían	hacían	**iban**	sabían	venían
futuro simple	**diré**	**haré**	iré	**sabré**	**vendré**
	dirás	**harás**	irás	**sabrás**	**vendrás**
	dirá	**hará**	irá	**sabrá**	**vendrá**
	diremos	**haremos**	iremos	**sabremos**	**vendremos**
	diréis	**haréis**	iréis	**sabréis**	**vendréis**
	dirán	**harán**	irán	**sabrán**	**vendrán**
condicional simple	**diría**	**haría**	iría	**sabría**	**vendría**
	dirías	**harías**	irías	**sabrías**	**vendrías**
	diría	**haría**	iría	**sabría**	**vendría**
	diríamos	**haríamos**	iríamos	**sabríamos**	**vendríamos**
	diríais	**haríais**	iríais	**sabríais**	**vendríais**
	dirían	**harían**	irían	**sabrían**	**vendrían**
imperativo	**di**, decid	**haz**, haced	**ve**, id	sabe, sabed	**ven**, venid
gerundio	diciendo	haciendo	**yendo**	sabiendo	viniendo
participio	**dicho**	**hecho**	ido	sabido	venido
presente de subjuntivo	**diga**	**haga**	**vaya**	**sepa**	**venga**
	digas	**hagas**	**vayas**	**sepas**	**vengas**
	diga	**haga**	**vaya**	**sepa**	**venga**
	digamos	**hagamos**	**vayamos**	**sepamos**	**vengamos**
	digáis	**hagáis**	**vayáis**	**sepáis**	**vengáis**
	digan	**hagan**	**vayan**	**sepan**	**vengan**
			ebenso: **irse**		*ebenso:* **provenir**

infinitivo	ver	dar	poner	traer	tener
presente	**veo** ves ve vemos veis ven	**doy** das da damos dais dan	**pongo** pones pone ponemos ponéis ponen	**traigo** traes trae traemos traéis traen	**tengo** tienes tiene tenemos tenéis tienen
pretérito indefinido	vi viste vio vimos visteis vieron	**di** diste dio dimos disteis dieron	**puse** **pusiste** **puso** **pusimos** **pusisteis** **pusieron**	**traje** **trajiste** **trajo** **trajimos** **trajisteis** **trajeron**	**tuve** **tuviste** **tuvo** **tuvimos** **tuvisteis** **tuvieron**
pretérito imperfecto	**veía** **veías** **veía** **veíamos** **veíais** **veían**	daba dabas daba dábamos dabais daban	ponía ponías ponía poníamos poníais ponían	traía traías traía traíamos traíais traían	tenía tenías tenía teníamos teníais tenían
futuro simple	veré verás verá veremos veréis verán	daré darás dará daremos daréis darán	**pondré** **pondrás** **pondrá** **pondremos** **pondréis** **pondrán**	traeré traerás traerá traeremos traeréis traerán	**tendré** **tendrás** **tendrá** **tendremos** **tendréis** **tendrán**
condicional simple	vería verías vería veríamos veríais verían	daría darías daría daríamos daríais darían	**pondría** **pondrías** **pondría** **pondríamos** **pondríais** **pondrían**	traería traerías traería traeríamos traeríais traerían	**tendría** **tendrías** **tendría** **tendríamos** **tendríais** **tendrían**
imperativo	ve, ved	da, dad	**pon**, poned	trae, traed	**ten**, tened
gerundio	viendo	dando	poniendo	trayendo	teniendo
participio	**visto**	dado	**puesto**	traído	tenido
presente de subjuntivo	**vea** **veas** **vea** **veamos** **veáis** **vean**	dé des dé demos deis den	**ponga** **pongas** **ponga** **pongamos** **pongáis** **pongan**	**traiga** **traigas** **traiga** **traigamos** **traigáis** **traigan**	**tenga** **tengas** **tenga** **tengamos** **tengáis** **tengan**

Grammatische Begriffe

el adjetivo	Adjektiv, Eigenschaftswort	**bueno/-a, grande, difícil**
el adverbio	Adverb	hablar **tranquilamente**
el artículo determinado	bestimmter Artikel	**el** amigo, **la** chica, **los** ríos, **las** gorras
el artículo indeterminado	unbestimmter Artikel	**un** chico, **una** amiga, **unos** vaqueros, **unas** gafas
el comparativo	Komparativ, Vergleich	**más** interesante **que**, **menos** caro **que**, tan luminoso **como**
el complemento directo	direktes Objekt	Tengo **un cinturón negro**. Busco **a Ana**.
el complemento indirecto	indirektes Objekt	Doy el libro **a Ana**.
el condicional	Konditional	llamar**ía**, comer**ías**, vendr**íais**
la conjunción	Konjunktion, Bindewort	**y, o, pero, porque**
la consonante	Mitlaut, Konsonant	**b, c, d, f, l, ll, r…**
el determinante demostrativo	hinweisender Begleiter, Demonstrativbegleiter	**este** chico, **esas** camisetas
el determinante indefinido	unbestimmter Begleiter, Indefinitbegleiter	**mucho** dinero, **pocas** semanas
el determinante posesivo	besitzanzeigender Begleiter, Possessivbegleiter	**tu** ropa, **nuestro** instituto
el diptongo	Doppellaut, Diphthong	b**ue**no, b**ai**lar, qu**ie**ro, **au**la
el estilo indirecto	indirekte Rede	Dice **que no puede venir**.
femenino/-a	weiblich, feminin	**la** chic**a**
la forma irregular	unregelmäßige Form	**voy, tengo, digo**
la forma regular	regelmäßige Form	**hablo, comes, pasé**
el futuro	Futur, Zukunft	llamar**é**, comer**ás**, vendr**éis**
el futuro inmediato	unmittelbares Futur	**Voy a pasar** las vacaciones en Madrid.
el género	Geschlecht, Genus (Maskulinum, Femininum)	**el** móvil (maskulin), **la** chic**a** (feminin)
el gerundio	gerundio (Verlaufsform)	**trabajando, escribiendo**
el imperativo	Befehlsform, Imperativ	**¡habla!, ¡hablad!**
el indicativo	Indikativ	**escribe** una carta
el infinitivo	Grundform (des Verbs), Infinitiv	**hablar, leer, escribir**
la interrogación indirecta	indirekte Frage	Mis amigos preguntan **si voy o no**.
masculino/-a	männlich, maskulin	**el** libr**o**

la negación	Verneinung	**No** duerme. **No** quiere ver a nadie.
el número	Zahl, Numerus	el regalo (Singular), las guitarras (Plural)
el número ordinal	Ordnungszahl	el **primer** día, la **segunda** semana
el objeto (in)directo	(in)direktes Objekt (indirektes Objekt: wem?) (direktes Objekt: wen?, was?)	Explico **los deberes** **a mi** **amigo**.
la oración principal	Hauptsatz	**Manuel no quiere ir al cine** porque no tiene dinero.
la oración relativa	Relativsatz	Tarek es el chico que lleva gafas y vaqueros.
la oración subordinada	Nebensatz	Manuel no quiere ir al cine **porque no tiene dinero**.
la oración temporal	Temporalsatz	**Cuando Ana salió de casa**, llegó Diego.
la palabra interrogativa	Fragewort	¿**Qué** lenguas hablas?, ¿**Cuántos** años tienes?
el participio	Partizip	**hablado, hecho, dicho**
la persona	Person (1./2./3. Person)	**Ella se llama** (3. Person Singular) Ana.
el plural	Mehrzahl, Plural	los amigo**s**, las flor**es**
la preposición	Verhältniswort, Präposition	**a, de, delante de, para**
el presente	Gegenwart, Präsens	Hoy ella **escribe** una tarjeta.
el pretérito imperfecto	Imperfekt	trabaj**aba**, sab**ías**, viv**íamos**
el pretérito indefinido	*indefinido* (Vergangenheitsform)	trabaj**é**, com**ieron**
el pretérito perfecto	Perfekt (Vergangenheitsform)	**he trabajado, han comido**
el pronombre de complemento directo	direktes Objektpronomen, Akkusativpronomen	¿Y Alejandro? No **lo** veo.
el pronombre de complemento indirecto	indirektes Objektpronomen, Dativpronomen	Alejandro **le** manda un mensaje a Lucía.
el pronombre demostrativo	Demonstrativpronomen, hinweisendes Pronomen	**este, esa, aquellos**
el pronombre indefinido	Indefinitpronomen, unbestimmtes Pronomen	**alguien, nadie, algo, nada**
el pronombre interrogativo	Fragepronomen, Interrogativpronomen	¿**Quién** es?, ¿**Dónde** vive?, ¿**Cuál** quieres?
el pronombre personal	persönliches Fürwort, Personalpronomen	**yo, tú, él, nosotros/-as, mí, ti**
el pronombre personal sujeto	Subjektpronomen	**Yo** me llamo Tarek, ella es Marta.
el pronombre reflexivo	rückbezügliches Fürwort, Reflexivpronomen	Él **se** ducha. ¿No **te** acuerdas?

el pronombre relativo	Relativpronomen	La camiseta **que** está de oferta es blanca.
el singular	Einzahl, Singular	un profesor, la amiga
el subjuntivo	subjuntivo	Prefiero que **sea** así.
el sujeto	Subjekt (wer?)	**Manuel** charla con Lucía.
el superlativo	Superlativ	el chico **más alto**, el **mejor** amigo
el superlativo absoluto	absoluter Superlativ	car**ísimo**, riqu**ísimas**
el sustantivo	Substantiv, Nomen	el **parque**, la **dirección**
el verbo	Zeitwort, Verb	**estudiar**, **mandar**, **comer**
el verbo auxiliar	Hilfsverb	**haber**, **estar**, **ser**, **ir**
el verbo modal	Modalverb	**poder** ver, **tener que** estudiar, **querer** irse
el verbo reflexivo	rückbezügliches Verb, reflexives Verb	**ducharse**, **levantarse**, **irse**
la vocal	Selbstlaut, Vokal	**a**, **e**, **i**, **o**, **u**

Index

Die Angaben beziehen sich auf die Seitenzahlen.

Fehler vermeiden

A: GRAMÁTICA	A: GRAMÁTICA
Genus der Substantive	**GENUS**
1. allgemein: **-o** → maskulin; **-a**, **-ión**, **-dad** → feminin: el chico, la chica, la solución, la ciudad 2. **-ista** → maskulin oder feminin: el taxista, la taxista 3. **el** tema, **el** día (¡Buenos días!), **el** avión, **la** mano, **la** foto	**-o** → ♂ **-a/-ión/-dad** → ♀ **-ista** → ♂/♀ Beachte die Ausnahmen!
Konkordanz zwischen Subjekt und Verb	**BEZUG**
La gente bail**a**. (Singular) **Las fiestas** me gust**an**. (Plural)	La gente bail**a**. Las fiestas me gust**an**
Konkordanz zwischen Adjektiv/Begleiter und Substantiv	**BEZUG**
un chic**o** activ**o**; un**a** chic**a** guap**a**; pregunt**as** interesant**es** Est**a** chic**a** es María. Est**e** chic**o** es Pablo. Est**os** barri**os** son tranquil**os**.	un chic**o** activ**o**, est**e** chic**o**, otr**a** chic**a**, ide**as** interesant**es**
Ser, estar, hay	**SER, ESTAR, HAY**
Ana **es** mi amiga. **Está** en Madrid. En Madrid **hay** muchos estudiantes. **Es** simpática. **Está** contenta en Madrid.	**Es** mi amigo. **Está** en Madrid. **Hay** pan y queso.
También oder tampoco	**TAMBIÉN/TAMPOCO**
–Hablo francés. –Yo **también**. –No hablo chino. –Yo **tampoco**	sí – **también** no – **tampoco**
Präposition a vor direkten Objekt bei Personen	**„A“ + PERSON**
Busco mi libro. Busco **a** mi padre.	Busca **a** su hermana.
Unterscheidung von Personalpronomen und Possessivbegleitern	**PRONOMEN**
mí/mi → El regalo es para **mí** / Ana es **mi** amiga. **tú/tu** → ¿**Tú** eres de Madrid? / Pablo es **tu** amigo, ¿verdad?	mí/mi tú/tu
Muy oder mucho	**MUY/MUCHO**
vor einem Adjektiv: **muy** → La comida está **muy** rica. vor einem Substantiv: **mucho/-a/-s** (Adjektiv) → Hay mucha comida. nach einem Verb: **mucho** (Adverb) → Hoy comí mucho.	muy + Adjektiv mucho/-a/s + Substantiv Verb + mucho
B: ORTOGRAFÍA	**B: ORTOGRAFÍA**
Keine doppelten Konsonanten im Spanischen	
te**n**is, intere**s**ante, co**m**o, Tene**r**ife Ausnahmen: cc, rr, ll (eigener Buchstabe) → tradu**cc**ión, abu**rr**ido, **ll**amar	~~nn, ss, mm, tt~~, etc. cc, rr, ll
Kein „th“, „ph“, „sy“ im Spanischen	
Thema → el tema, Philosophie → la filosofía, sympathisch → simpático	~~th, ph, sy~~
Die Buchstaben *c/z* [θe] und *c/qu* [k]	***c/z* [θe] und *c/qu* [k]**
z vor a, o, u und am Wortende → tiza, zona, zumo, feliz; **c** vor e, i → **c**ine, feli**c**es; **c** vor a, o, u → **c**hica, **c**hico, **c**uatro; **qu** vor e, i → **qu**ince, **qu**e	[θe] → **z** + a, o, u / **c** + e, i [k] → **c** + a, o, u / **qu** + e, i

Nueva Edición a_tope.com

Grammatik zum Nachschlagen und Üben

Im Auftrag des Verlages erarbeitet von:
Alexander Grimm und Katja Zerck

Redaktion Spanisch:
Vicente Bernaschina Schürmann, Heike Malinowski (Projektleitung)

Illustrationen: Christoph Grundmann, Darmstadt und Laurent Lalo (S. 104, 126)
Umschlaggestaltung: vitaledesign
Layout und technische Umsetzung: graphitecture book & edition

Umschlagfoto: F1online

2	Hörverstehen/Tracknummer
●	anspruchsvolle Aufgabe
facultativo	Fakultative Aufgabe

www.cornelsen.de

Soweit in diesem Lehrwerk Personen fotografisch abgebildet sind und ihnen von der Redaktion fiktive Namen, Berufe, Dialoge und Ähnliches zugeordnet oder diese Personen in bestimmte Kontexte gesetzt werden, dienen diese Zuordnungen und Darstellungen ausschließlich der Veranschaulichung und dem besseren Verständnis des Inhalts.

1. Auflage, 3. Druck 2022

Alle Drucke dieser Auflage sind inhaltlich unverändert und können im Unterricht nebeneinander verwendet werden.

Druck und Bindung: Livonia Print, Riga

ISBN 978-3-06-120802-8

PEFC
PEFC/12-31-006

PEFC zertifiziert
Dieses Produkt stammt aus nachhaltig bewirtschafteten Wäldern und kontrollierten Quellen.

www.pefc.de